Ingeborg Bachmann

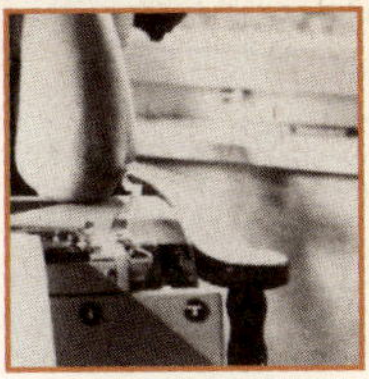

rororo

rowohlts monographien
begründet von Kurt Kusenberg
herausgegeben von Wolfgang Müller
und Uwe Naumann

rororo

Ingeborg Bachmann

Dargestellt von Hans Höller

Rowohlt Taschenbuch Verlag

Umschlagvorderseite: Ingeborg Bachmann in Rom, November 1969
Umschlagrückseite: Ingeborg Bachmann: «Todesarten»-Projekt. Band 1. Herausgegeben von Monika Albrecht und Dirk Göttsche, 1995 im Piper Verlag erschienen.
Im Gespräch mit Paul Celan auf der Tagung der Gruppe 47 in Niendorf, 1952.

Seite 3: Ingeborg Bachmann, 1963 in ihrer Züricher Wohnung
Seite 7: Ingeborg Bachmann, 1962 in Rom
(Foto: Heinz Bachmann)

Originalausgabe
Veröffentlicht im Rowohlt Taschenbuch Verlag GmbH,
Reinbek bei Hamburg, Juni 1999

Umschlaggestaltung Ivar Bläsi
Redaktionsassistenz Katrin Finkemeier,
Karolin Marhencke
Reihentypographie Daniel Sauthoff
Herstellung Christine Lohmann
Satz PE Proforma *und* Foundry Sans *PostScript, QuarkXPress 3.32*
Gesamtherstellung Clausen & Bosse, Leck
Printed in Germany
ISBN *3 499 50545 2*

INHALT

«Das wird der schönste Sommer bleiben»

Eine Szene in Nachkriegs-Kärnten

Kurz nach dem Ende des Zweiten Weltkriegs, in den ersten Junitagen des Jahres 1945, wird eine achtzehnjährige Maturantin nach ihrer Mitgliedschaft im Bund Deutscher Mädel, einer Organisation der Hitlerjugend, befragt. Die Maturantin heißt Ingeborg Bachmann, geboren am 25. Juni 1926 in Klagenfurt, Aufenthaltsort: Obervellach im südkärntnerischen Gailtal. Die Fragen stellt ein englischer Besatzungssoldat in perfektem Deutsch mit Wiener Akzent. Als Kind jüdischer Eltern hatte er sich 1938, damals bereits an die zwanzig Jahre alt, mit einem der letzten Kindertransporte aus Wien ins Exil nach England retten können. Eigentlich hatte er gar nicht nach der Mitgliedschaft gefragt, sondern, statt zu fragen, *«Natürlich BDM.»* gesagt.

Festgehalten ist diese Szene in einem Tagebuch, das die Schülerin in den letzten Kriegsjahren und der unmittelbaren Nachkriegszeit führte.[1] *Mir war plötzlich ganz übel und ich habe überhaupt kein Wort herausgebracht und nur genickt*, liest man. *Ich hätte ja sagen können, daß ich wahrscheinlich gar nicht mehr auf der Liste stehe, weil ich mit 14 nicht übernommen worden und auch nicht vereidigt worden bin und daß ich dann nie mehr geholt worden oder hingegangen bin.* Aber sie dachte sich, daß ihm wohl alle Leute diese Geschichten erzählen, sie wären nur gezwungen worden und nie richtig dabeigewesen. Nur, als er zum Schluß fragte, ob sie *«Führerin»* gewesen sei, sagte sie *«nein»* und sie sei *ganz rot geworden und vor Verzweiflung noch röter.* Irritiert fragt sie sich im Tagebuch, *warum man rot wird und zittert, wenn man die Wahrheit sagt.*

Obervellach, Sommer 1945: Ingeborg Bachmann links neben Jack Hamesh

Ein paar Tage später, es ist der 14. Juni 1945, notiert sie, *noch ganz durcheinander*, daß Jack Hamesh, das ist der Name des Soldaten der Field Security Section, sie zu Hause besucht hat. Sie weiß gar nicht mehr, was sie zuerst geredet haben: *aber dann auf einmal von Büchern, von Thomas Mann und Stefan Zweig und Schnitzler und Hofmannsthal*, alles Autoren, deren Bücher von den Nazis verbrannt worden sind. *Ich war so glücklich, er kennt alles und er hat mir gesagt, er hätte nie gedacht, dass er ein junges Mädel finden würde in Österreich, das trotz der Nazierziehung das gelesen hat. – Und auf einmal war alles ganz anders.*[2] Sie redeten und redeten, bis es Abend wurde. Und bevor er ging, küßte er ihr die Hand. *Noch nie hat mir jemand die Hand geküsst. Ich bin so verdreht und glücklich, und wie er fort war bin ich auf den Walischbaum gestiegen, es war schon dunkel, und ich hab geheult und mir gedacht, ich möchte mir nie mehr die Hand waschen.* Es beginnt eine Beziehung, die uns wie eine Nachkriegs-Utopie erscheint. Ein Dialog zwischen den Kindern der Generation der Täter und der Opfer. *Ich habe noch nie im Leben so viel geredet,* liest man in der nächsten Eintragung. Der junge englische Offizier, wahrscheinlich Kommunist, versorgt sie mit Lesestoff, *erklärt sehr gut, ich frage ihn auch immer, wenn ich etwas noch nicht gehört habe. Jetzt sind wir mitten im Sozialismus und Kommunismus.* Ausdrücklich notiert sie: *Ich lese das Kapital von Marx und ein Buch von Adler.* – Eine österreichische Maturantin holt in einem Intensivkurs die Lektionen nach, die bei den Nazis mit dem Schlagwort «jüdisch-bolschewistische Weltverschwörung» kriminalisiert worden sind, und sie wird von einem aus Wien vertriebenen österreichischen Juden in ihrem Entschluß bestärkt, Philosophie zu studieren.

Aus den Tagebuchzeilen spricht jene mutige Hoffnung, jener hymnische Bachmann-Ton, den wir aus ihrer Lyrik kennen, aus manchen Partien ihrer Erzählprosa, bis hin zur Utopie des *schönen Buchs* in *Malina – «Ein Tag wird kommen [...]».* Diese größere Hoffnung wird bei ihr nie verlorengehen, selbst in den letzten Lebensjahren nicht, wenn sie sich selber verloren gibt. Mut gehörte in einem Kärntner Dorf auch nach der Niederlage des NS-Regimes dazu, wenn ein Mädchen sich zu einem Juden bekannte. Ihr wird bewußt, was das bedeutet, *mit dem Juden gehen,* wie sie deshalb im Ort ins Gerede kommt. Und sie sagt sich, daß sie *jetzt erst recht* mit ihm durch Obervellach und Hermagor gehen wird. Sie sieht, daß die Menschen noch gar nicht begriffen haben, welche *Katastrophe* hinter ihnen liegt. Für sie aber wird dieser Sommer, das weiß sie, ihr ganzes Leben unvergessen bleiben. *Das ist der schönste Sommer meines Lebens, und wenn ich hundert Jahre alt werde – das wird der schönste Sommer bleiben. Vom Frieden merkt man nicht viel, sagen alle, aber für mich ist Frieden, Frieden.*

Über ihre Gedichte hat sie nicht mit Jack Hamesh gesprochen, weil er mit Gedichten wenig anfangen konnte. Doch in den hymnischen Zeilen des Tagebuchs setzt sie in ihrem Zukunftsentwurf neben Arbeit und Studium das Schreiben: *Auf die Goria gehe ich jetzt jeden Tag wieder, allein und um zu träumen, herrlich zu träumen! Ich werde studieren, arbeiten, schreiben! Ich lebe ja, ich lebe. O Gott, frei sein und leben, auch ohne Schuhe, ohne Butterbrot, ohne Strümpfe, ohne, ach was, es ist eine herrliche Zeit!*

«Die Erwachsenen, die Herren ‹Erzieher›, die uns umbringen wollen»

Die letzten Jahre des Hitler-Regimes

Nie hätte die Begegnung zwischen der Kärntner Maturantin und dem linken jüdischen Intellektuellen aus der Royal Army so verlaufen können, wie sie das Tagebuch überliefert, wenn nicht die Schülerin vorher selber die entscheidenden Schritte zu ihrer Befreiung vom NS-System getan hätte.

Das Ursulinen-Gymnasium, das von den Nazis nach dem sogenannten Anschluß Österreichs ans Dritte Reich organisatorisch dem NS-Schulsystem gleichgeschaltet wurde, hatte sich auch während der Hitler-Zeit einen gewissen anti-nazistischen Eigensinn bewahrt. Nach der Matura – sie wurde wegen des Kriegs schon am 2. Februar 1944 abgelegt – fiel der Achtzehnjährigen in der NS-Lehrerbildungsanstalt der fanatische Ungeist auf, der ihr im Gymnasium nicht begegnet war. Der Eintritt in den «Abiturientenjahrgang», der sie davor bewahrte, zu einer Panzerfaustausbildung geschickt zu werden, war erkauft mit einem eidesstattlichen Verzicht auf das Studium. Sie habe einen Augenblick vor der Unterschrift gezögert, liest man in ihren Aufzeichnungen, aber dann wird ihr klar, daß ein Studium für sie nicht mehr in Frage kommt: *Nein, ich bin sicher, in diesem Land werde ich nicht mehr studieren, in diesem Krieg nicht mehr. So ein Irrtum, auch nur einen Augenblick zu zögern!* Mit ein paar Mädchen in der Klasse versteht sie sich als Dissidentin unter *lauter Fanatikerinnen.* Es ist die Zeit der schweren Bombenangriffe auf Klagenfurt. Allein, auf sich gestellt, der Vater im Krieg, die Mutter oft mit dem kleinen Bruder im besser geschützten Obervellach, von wo der Vater herstammt, entzieht sie sich mit anderen Mädchen den Forderungen der militarisierten gesellschaftlichen Ordnung und den Befehlen des NS-

Staats. Etwas Hochherziges kommt in diesen Aufzeichnungen an den Tag, der Mut junger Frauen, die fast noch Kinder sind, sie heißen im Tagebuch *Wilma*, *Lisl* und *Issi*, Töchter, deren Väter an der Front sind und die das Haus ohne Hüter übernehmen. Sie verständigen sich untereinander, sind sich über den Wahnsinn und die Misere klargeworden und wollen nicht mehr mittun im mörderischen Alltag. Die Tagebucheintragungen vermerken die Entscheidung, *nicht mehr in den Bunker* zu gehen. Sie habe sich *fest vorgenommen, weiterzulesen, wenn die Bomber kommen. Das Stundenbuch ist schon ganz zerdrückt und verschmiert. Es ist mein ganzer Trost. Und Baudelaire! Bientôt nous tomberons dans les froides ténèbres, adieu vive clarté.* Sie schreibt, daß es in der Innenstadt von Klagenfurt *furchtbar aussehen* soll *– und auch hier schaut es aus wie Weltuntergang. Aber ich habe keine Angst mehr […] in meinem Kopf habe ich mein Testament gemacht. Vielleicht ist es sündhaft, einfach zu sitzen und in die Sonne zu schauen.* Wenn sie schon zugrunde gehen muß, dann *wenigstens im Garten. Wenigstens in der Sonne.* Ein Bild des auf nichts gestellten Muts, das viel über Geist und Haltung der Achtzehnjährigen verrät, eine Art Existentialismus avant la lettre, wie er dann die Lyrik von *Die gestundete Zeit* bestimmen wird: aufrecht stehen, gegen den unverrückbaren Himmel.

Als ihr und den anderen Mädchen Anfang 1945 befohlen wurde, am Stadtrand von Klagenfurt Verteidigungsgräben auszuheben, beratschlagen sie untereinander die Desertion. *Ich habe […] immer nur gedacht, dass das zum Himmel schreit, was man mit uns treibt. Die Erwachsenen, die Herren ‹Erzieher›, die uns umbringen wollen.* Sie bereitet die Flucht ins Gailtal vor. *Wilma hat Angst, dass wir wegen Desertion erschossen werden könnten.* Und dann steht im Tagebuch die Eintragung: *Nein, mit den Erwachsenen kann man nicht mehr reden.* Die Welt des Kriegs, den die Nazis entfesselt haben, ist zum Alptraum geworden, unbändig der Wunsch, aus der «Ödnis eines entlarvten Landes» (Ilse Aichinger)[3] wegzukommen.

Die Entlarvung einer zerstörerischen Kriegskultur, die sich als vaterländische, heimatverbundene Ideologie tarnte, hat Ingeborg Bachmann noch in der NS-Zeit und auf dem Terrain der Heimatliteratur vorgenommen. Ihre Erzählung *Das Honditschkreuz* (Ende 1943), ein bisher kaum gewürdigtes Werk der inneren Emigration, läßt die schwierige Arbeit der literarischen Befreiung erahnen, bei der die siebzehnjährige Gymnasiastin zunächst an die Widersprüche in der NS-Politik gegenüber den Kärntner Slowenen anschließt. Die *Erzählung aus dem Jahre 1813*, so der Untertitel, spielt in den gemischtsprachigen Orten Obervellach und Hermagor im Gailtal, ihrer Kindheitslandschaft am Fluß, wo sie selber 1945 die reale Befreiung vom Nationalsozialismus erleben wird. Die sogenannten Befreiungskriege gegen Napoleon waren auch von der NS-Geschichtspropaganda antifranzösisch umgedeutet und deutschnational in Dienst genommen worden. Eine Abteilung der 1943 mit großem Pomp in Klagenfurt veranstalteten «Grenzlandausstellung» war der «Franzosenzeit» gewidmet. Genau gegen diese Militarisierung des Begriffs der Grenze und gegen die kriegerische Mobilisierung des Heimatgefühls wendet sich der Erzähltext über den regionalgeschichtlichen Stoff vom Aufstand gegen die napoleonischen Truppen im Gailtal anno 1813. An keiner Stelle der Erzählung findet sich die junge Autorin bereit, Zugeständnisse an die Verherrlichung von Krieg und Heldentod oder an die Abwertung des Slawentums zu machen. Sie greift zwar den in Kärnten geläufigen, von den völkischen Ideologen vereinnahmten Begriff der slawischstämmigen «Windischen»[4] auf, sieht darin aber in bewußtem Gegensatz zur NS-Politik eine utopische Idee des Aneinandergrenzens der Sprachen und Völker, *als wollten sie die Grenze verwischen*, bilden sie *eine Brücke, und ihre Pfeiler sitzen gut und friedlich drüben und herüben. Und es wäre gut, immer so zu bleiben. Sie nennen die Gail Zila […].*[5] Gegen die Glorifizierung von Krieg und Heldentod stellt sie ihr Bild des Kriegs als Entfesselung der niedrigsten Triebe. Wie in ihrem späteren Werk beschreibt sie das Schlachtfeld als *Mordschauplatz*[6], die Natur verstört vom *Entsetzen* und den Menschen als grausame Bestie. *Die Wildenten flogen auf, das Schilf bebte unter mörderischen Schüssen. Irre Menschenschritte taumelten, hetzten, jagten in die feuchten Wiesen, flohen dem Schilf zu […]. Schrille Schreie und röchelnd verendende hallten auf. Ein verzweifelter Kampf, da Mensch und Mensch, dort Wasser und Mensch, tobte. Und wen nicht die Kugel traf, den behielt der See. Man konnte auf ihn nicht schießen, ihn nicht treten, würgen, er war grausamer als das entfesselte Menschentier.*[7]

Obwohl die Sprache der Erzählung unverkennbar dem Einfluß des Kärntner Heimatschriftstellers Josef Friedrich Perkonig (1890–1959) verhaftet ist, manifestiert sich bereits in der Konstellation der männlichen Perspektive des Helden und der Autorinnenperspektive ein strukturelles Problem, das sich für Ingeborg Bachmann nicht erst im Umkreis der *Todesarten* stellte. Warum sie in ihren Erzählungen *so oft das männliche Ich nehmen mußte,* warum sie *nur von einer männlichen Position aus erzählen kann,* eine Problematik, die bei ihr *eine der ältesten, wenn auch verschütteten Erinnerungen* bleiben wird.[8]

Ingeborg Bachmann erzählt aus der Perspektive des männlichen Helden Franz Brandstetter. Sein innerer Konflikt trifft sich mit dem Lebenskonflikt der jugendlichen Autorin. Brandstetter, ein Theologiestudent, ist von seinem Studium in Wien in seinen Heimatort Vellach im Gailtal zurückgekehrt. Anders als der gelassene, jeder Verwirrung überlegene geistliche Herr aus Brandstetters Herkunftspfarre, der Dechant Freneau – unverkennbar eine Präfiguration des ruhigen, vernunftbestimmten Malina im späteren gleichnamigen Roman –, hat Brandstetter sich von der nationalen Erregtheit anstecken lassen. In diesem Sündenfall des Theologiestudenten und in seiner befreienden Entscheidung spiegelt die Jugenderzählung die biographische Situation der Verfasserin: ihre Entscheidung gegen den NS-Staat und ihre Wut, daß sie, so jung sie auch war, sich überhaupt auf ihn eingelassen hatte – *wenn er nur die Kraft hätte, sich aus dem erzwungenen Schicksal zu lösen, diese Bande hier zu brechen und sich so im letzten Augenblick zu retten.*

Wer hatte das Recht gehabt, ihn aus seiner Ruhe aufzuschrekken, zu jagen, zu hetzen von einer ungewollten Handlung in die andere. Er war anfangs nicht Mann genug gewesen, sich zu wehren und zu lösen, aber er war Mann genug, heute mit größter Gewalt, auch über den Bruch seines Wortes hinweg, den entscheidenden Schritt zu tun, um sich wiederzufinden.

Aus der Zeit des Studienbeginns (1945)

Es ängstigte ihn, an den Bruch seines Worts zu denken, aber er mußte fliehen […]. Er mußte fort von hier um jeden Preis. Er hatte nur ein Leben zu verlieren, aber er schätzte das seiner Seele höher als das des Leibes, und darum entschloß er sich.[9] «Er», das ist «sie», die Gymnasiastin, die, *Mann genug*, noch bevor die Kriegsheimkehrer der Gruppe 47 ihren Bruch des militärischen Eids und ihre «Entfernung von der Truppe» zum Thema der Nachkriegsliteratur machen können, sich von den Geschichtsmythen und vom militanten Heimatbegriff des Nationalsozialismus absetzt und zu ihrer Idee einer Heimat im Aneinandergrenzen findet, einer Utopie, die sie auch später nie mehr aus den Augen verlieren wird. Auch das Nein-Sagen im Widerstand gegen eine mörderische Ordnung wird in ihrem Werk immer wieder neu einsetzen als Gegen-Rede, Gegen-Entwurf, Gegen-Welt – bis zu jener letzten Verzweiflung des *No! No! Non! Non! Njet! Njet! No! Ném! Ném! Nein!* im Traumkapitel von *Malina.*[10]

Die Erzählung *Das Honditschkreuz* bedeutete für die junge Schriftstellerin den *entscheidenden Schritt* zum literarischen Bruch mit der NS-Heimat-Ideologie. Das läßt sich im Vergleich mit dem 1942 fertiggestellten Drama *Carmen Ruidera* zeigen, das ebenfalls eine Begebenheit aus der Zeit der antinapoleonischen Befreiungskriege, einen Aufstand patriotischer spanischer Granden, zum Gegenstand hat. Das frühe Geschichtsdrama ist mit dem Schiller-Pathos, der Kleistschen Unbedingtheit und der sprachlichen Unbeholfenheit der sechzehnjährigen Verfasserin gewiß kein Geniestreich, es ist aber auch kein

Werk des Widerstands. Die Dramenhandlung läuft darauf hinaus, daß einander nahestehende Menschen, ihren abstrakten politischen Ideen verschworen, einander verkennen und umbringen. Ungewöhnlich die Vertauschung der traditionellen Geschlechterrollen: Rimaud, der napoleonische Offizier, ist bereit, wegen seiner Liebe zu Carmen auf seine militärische Stellung zu verzichten, während die Frau, Carmen Ruidera, spanische Patriotin und edle Seele, die *abstrakte Pflicht* als *das wahrhaft Schöne* preist und die Liebe dem geschichtlichen Gesetz zu opfern bereit ist. *CARMEN (mild): Rimaud, wißt Ihr denn nicht, daß eine Liebe / Vor dem Schicksal unsrer Länder in Staub / Zerfällt, daß eine Liebe, wenn die Welten / Sich im Herzen morden, ein Nichts ist, Ja, / Vor diesem Kampf ist alles nichtig. Es / Gibt da keine Milde, nicht Mitleid und / Barmherzigkeit und keine Tränen. Auch / Keine Gefühle zwischen Mann und Weib.*[11]

Die gefährliche Ambivalenz dieser ‹schönen› Unbedingtheit ergibt sich durch den Kontext des von Hitler-Deutschland geführten totalen Kriegs: Obwohl das Trauerspiel die tödliche militärische Funktionalisierung der Menschen im Krieg vor Augen führt, wirbt es andrerseits mit der milden Stimme Carmens um Verständnis für die totale Unterwerfung unter das Kriegsgesetz, das herrschen soll – und nicht die Liebe. Nicht zufällig hat Bachmann, Jahre später, bei Kleist, von dessen «Hermannschlacht» ihre *Carmen Ruidera* beeinflußt ist, genau auf diese Problematik der *Legitimität* gezielt. In ihrem Essay zu «Prinz Friedrich von Homburg» (1959) wendet sie sich gegen die gefährliche Tendenz zur *Verherrlichung der Legitimität [...] (oder sagen wir besser: Illegitimität), unter der wir seit je in unseren Ländern gelitten haben und die Deutschland in den Abgrund geführt hat*[12]. So kommt die Autorin fünfzehn Jahre später genau auf den problematischen Punkt ihres frühen Dramas zurück, und sie macht ihn zum Zentrum einer neuen Deutung von Kleists «Homburg»-Drama.

Mit dieser meist verborgenen, kritisch-dialogischen Selbstauseinandersetzung dürfte bei Bachmann die persönliche Authentizität ihres Schreibens verbunden sein. Denn der Wahrheitsanspruch als Grundantrieb ihres Schreibens beruht nicht darauf, daß sie sich frei von Irrtümern wußte, die Erkenntnis der Irrtümer und die schmerzlichen Erfahrungen waren bei ihr vielmehr die Voraussetzung dafür, sehend zu werden und sehend zu machen. Es ist kein Zufall, daß sie in einer Rede vor deutschen Kriegsblinden ihre Poetik eines Sehens entwickelt hat, das aus Schmerz und Desillusionierung hervorgeht (*Die Wahrheit ist dem Menschen zumutbar*, 1959).

Weil sie selber bewußt den Weg in den Dissens mit dem Hitler-Regime ging, konnte sie später, in dem vielzitierten Interview vom 24. Dezember 1971, den Einmarsch der Hitler-Truppen in Österreich als den *bestimmten Moment* eines lebensgeschichtlichen Bruchs verstehen: *Es hat einen bestimmten Moment gegeben, der hat meine Kindheit zertrümmert. Der Einmarsch von Hitlers Truppen in Klagenfurt. Es war etwas so Entsetzliches,*

Adolf Hitler auf dem Balkon des Hotels «Sandwirt» in Klagenfurt, 5. April 1938

daß mit diesem Tag meine Erinnerung anfängt: durch einen zu frühen Schmerz, wie ich ihn in dieser Stärke vielleicht später überhaupt nie mehr hatte. Natürlich habe ich das alles nicht verstanden in dem Sinn, in dem es ein Erwachsener verstehen würde. Aber diese ungeheure Brutalität, die spürbar war, dieses Brüllen, Singen und Marschieren – das Aufkommen meiner ersten Todesangst. Ein ganzes Heer kam da in unser stilles, friedliches Kärnten ...[13]

Der bestimmte Moment im März 1938 ist weniger leicht mit einem konkreten Tag zu identifizieren, als das in der Sekundärliteratur angenommen wurde. Am Tag des Einmarsches, dem 12. März 1938, war Ingeborg Bachmann gar nicht in der Stadt[14], aber das *Brüllen, Singen und Marschieren* zog sich sowieso über Wochen hin, und am 5. April besuchte Adolf Hitler Klagenfurt, wo er sich vom Balkon des «Sandwirts» der begeisterten Menge zeigte und «des Jubelns kein Ende» war.[15]

Wenn man das bestimmte Datum dieses biographischen Schreckensmoments auch nicht mehr feststellen kann, dem Werk läßt sich die Spur dieser frühen Erschütterung ablesen, immer wieder vergegenwärtigt in den Bildern von *Bruch, Riß, Stigma* oder dem *ersten Schlag*, der eine bis dahin selbstverständliche Sicherheit des kindheitlichen Ich zerstört. Zu Recht hat Uwe Johnson die Interview-Passage ins Zentrum seines Bachmann-Buchs «Reise nach Klagenfurt» gerückt, und Heinrich Böll meinte in seiner Rezension von Johnsons Bachmann-Buch unter dem Titel «Spurensicherung», daß eben in diesem Zitat die entscheidende Spur zum Verständnis der österreichischen Dichterin liege. Für Böll ist «diese Art der Spurensicherung, herauszufinden, wo einer herkommt», wichtig, denn es «ist natürlich kein Zufall, wo einer herkommt».[16] Daß der individuelle Zufall, die traumatische Erfahrung des Kindes im Jahr 1938, repräsentativ für diese Zeit sei, deutet Böll mit der Frage an, ob hier nicht «an einem zwölfjährigen Mädchen, das Inge genannt wird, Heimatvertreibung stattgefunden» hat. Er spricht von einem «Problem, das gewiß für Österreicher andere Dimensionen als für Deutsche» habe.[17] Die Begriffe von Heimat und Vertreibung hatten freilich für ein in Kärnten aufwachsendes Mädchen noch ganz «andere Dimensionen».

«Von einem Land, einem Fluß und den Seen»

Kindheitslandschaft

Als Ingeborg Bachmann am 25. Juni 1926 in Klagenfurt geboren wurde, lagen der Erste Weltkrieg und der Untergang des Vielvölkerstaats der Habsburgermonarchie erst acht Jahre zurück. In Südkärnten endete der Krieg wegen der militärischen Auseinandersetzungen um die Grenze mit Jugoslawien – dem sogenannten Abwehrkampf – tatsächlich erst am Beginn der zwanziger Jahre. Ihr Vater, Matthias Bachmann (1898–1973), von Beruf Lehrer, hatte den Ersten Weltkrieg als österreichischer Offizier mitgemacht. Er wird auch am Zweiten Weltkrieg von Beginn an teilnehmen, so daß er während eines wichtigen Teils der Kindheit und Jugend Ingeborg Bachmanns, von ihrem 13. bis zu ihrem 19. Lebensjahr, nur selten zu Hau-

Matthias Bachmann (links) während des Ersten Weltkriegs mit seiner Familie vor dem Hof in Obervellach

se bei der Familie ist. Matthias Bachmann stammte aus Obervellach im Kärntner Gailtal, war *das jüngste von vielen Kindern einer alten Bauernfamilie,* so Ingeborg Bachmann in ihrem unveröffentlichten *Versuch einer Autobiographie*; *unser Haus heisst «Tobai» und es hat uns früher der Rannerhof gehört, der oberhalb des Dorfes lag.*[18]

Die Jugendjahre sind, ohne daß ein Schriftsteller es anfangs weiß, sein wirkliches Kapital. [...] Was später dazukommt, was man für viel interessanter hält, bringt seltsamerweise fast nichts ein. Nur daß man erst in späteren Jahren überhaupt zu begreifen anfängt, was man mit dem ersten Blick gesehen hat [...].
(Ingeborg Bachmann, 23. März 1971)

Auf den wenigen Seiten des autobiographischen Versuchs fällt das Interesse für die väterliche Genealogie und für seine Herkunftswelt auf, während von der Mutter hier und auch sonst in den literarischen Werken viel weniger die Rede ist. Die Mutter, Olga Bachmann (1901–1998), mit dem Mädchennamen Haas, kam aus Heidenreichstein in Niederösterreich, wo ihre Eltern eine Strickwarenerzeugung betrieben. Sie hatte mit Matthias Bachmann drei Kinder: Ingeborg, Isolde und Heinz. Ingeborg war die Älteste, Isolde zwei Jahre jünger, und Heinz, von der älteren Schwester vergöttert, kam 1939, dreizehn Jahre nach Ingeborg, zur Welt. Im *Versuch einer Autobiographie* berichtet die Autorin von der Verwirrung der Gefühle nach der Geburt des Bruders, einer *Vergötterei,* die zur seltsamen Vorstellung führte, *dass ich nie ein Kind haben werde, mir kein eignes vorstellen konnte, weil*

Olga und Matthias Bachmann mit Ingeborg, rechts, und Isolde

ich meinen Bruder zu sehr liebte, ihn schöner fand als alle anderen Kinder.[19]

Ein paar Jahre vor der Geburt der ersten Tochter hatte Matthias Bachmann als Lehrer in Klagenfurt eine Anstellung gefunden. Dort lebte die Familie bis 1933 in einer Mietwohnung in der Durchlaßstraße[20], bis man, die ältere Tochter Ingeborg war damals sieben Jahre alt, in ein neu gebautes eigenes Haus in der Henselstraße 26 umziehen konnte. *Der grosse Einschnitt ist die Uebersiedlung ins eigene Haus*, schreibt Ingeborg Bachmann, der *Vater ausser sich [...] vor Freude*, auch wenn das neue Haus der Familie große Sparsamkeit abverlangte. *Erst später die Bewunderung dafür, die Konsequenz, in vieler Hinsicht könnte man unsere Erziehung vorbildlich nennen*, resümiert sie die Erinnerungen an ihr Elternhaus, *der Mangel an Luxus, aber nicht an Freude, nie ein ordinäres Wort, fast keine Spielsachen, keine Verwöhnung, keine Hilfe in Schuldingen, keine Beachtung der Noten. Wir lernten früh schwimmen, in Vellach hatten wir Freiheiten, die wir in der Stadt nicht hatten, wo wir immer zuhause waren.*[21] Vellach, eine Kurzform des Ortsnamens Obervellach, das war der Herkunftsort des Vaters, wo die Familie oft Wochenenden und Ferien verbrachte. Das freiere Leben war dort zu Hause, auf dem Land, im zweisprachigen Grenzgebiet des Gailtals, dem «Grund und Boden»[22] ihres späteren *Galicien*-Mythos.

«Eines Tages ziehen die Kinder um in die Henselstraße. In ein Haus ohne Hausherr, in eine Siedlung» (Klagenfurt, Henselstraße 26, seit 1933 Wohnsitz der Familie Bachmann)

Ingeborg Bachmann, obwohl protestantisch, besuchte nach der Volksschule das katholische Ursulinen-Gymnasium in Klagenfurt, eine von Ordensschwestern geführte Schule, die, wie erwähnt, 1938, nach dem

«Anschluß» an Hitler-Deutschland, als «Oberschule für Mädchen» dem NS-Schulsystem eingegliedert wurde. Im Gymnasium war Ingeborg Bachmann keine Musterschülerin, die Noten meist gut bis durchschnittlich, in Deutsch oder Musik nicht immer sehr gute Noten. Auffallend die vielen versäumten Stunden in den letzten Schuljahren. Die von den Lehrern registrierte Zartheit und Kränklichkeit dürften der Schülerin eine Möglichkeit geboten haben, sich durch Abwesenheit den Anforderungen und Zumutungen des NS-Erziehungssystems zu entziehen. «Elfchen» wird sie von ihren Mitschülerinnen genannt, auch den Namen «L'hibou», die Eule, bekommt sie schon in der Schulzeit, ihr Vogel, den die Dichterin später in einem ihrer schönsten Gedichte anruft mit *Mein Vogel […] Mein eisgrauer Schultergenoß, meine Waffe […] Mein einziger Schmuck: Schleier und Feder von dir.*[23] Mitunter findet man in den schulischen Beurteilungsbögen Eintragungen, die eine Ahnung von ihrer außergewöhnlichen Intellektualität und Belesenheit verraten: «begabte, selbständige Denkerin» steht in einer allgemeinen Beurteilung für die siebte Klasse, «außergewöhnlich belesen» im Reifeprüfungszeugnis.

In «Galicien», dem Kindheitsland am Fluß und den Seen (mit der Schwester Isolde)

Wenn Ingeborg Bachmann später über ihre Kindheit und Jugend in Kärnten schreibt, ist meist von Landschaften, Stadttopographien und Häusern die Rede. Einen auffallend wichtigen Platz neben den Häusern, Straßen und Plätzen von Klagenfurt, die sie in *Jugend in einer österreichischen Stadt* (1961) ins Ge-

«In Vellach hatten wir Freiheiten, die wir in der Stadt nicht hatten» (mit Isolde)

dächtnis ruft, nimmt der väterliche Herkunftsort Obervellach ein. Manche Frauengestalten in den *Todesarten*-Romanen, das weibliche Ich in *Malina* oder die Titelgestalt von *Der Fall Franza*, kommen aus dieser Landschaft an der Gail. Vergeblich versuchen sie, wieder zurückzufinden in dieses Kindheitsland, ihr

Land am Fluß und den Seen, ihr *Herzland* und *Kronland*, aus dem sie durch die Geschichte vertrieben wurden und wohin sie vergeblich die *Drei Wege* suchen. Wie ein biblisches Land wird es in *Der Fall Franza* (*Das Buch Franza*[24]) mit dem Namen *Galicien* angerufen – *Heim nach Galicien, Matth. 12,20.*[25] Von dort bezieht die Titelheldin ihre geheime Kraft, ihre Würde und ihre Magie. Franza *bestand auf einmal, wo alles andre ihr genommen war, auf Galicien. […] Sie schaute zurück, drehte sich in ihren wirklichen alten Namen*[26], dem der Ranner, die vom Tobai-Hof kamen, und der tatsächlich der alte Name der väterlichen Verwandtschaft Ingeborg Bachmanns in Obervellach im Gailtal ist. Gegen eine Welt, die jede Magie und Aura zerstört, bewahren die weiblichen Heldinnen das Geheimnis der Namen und Orte der Kindheit, damit die versiegelten Gegenden, wie die *Goria* in *Malina*, eine Bergwiese nahe Obervellach, nicht *auch noch verkauft und verbaut* werden.[27] Später, bei der glücklichen Begegnung mit anderen Orten und Landschaften, führt die Erinnerung zurück zum *Kindheitsfluß* und in die Zeit der ersten Übereinstimmung mit der Welt. *Seit jener Nacht*, heißt es in *Prag Jänner 64, gehe und spreche ich wieder, / böhmisch klingt es, / als wär ich wieder zuhause, // wo zwischen der Moldau, der Donau / und meinem Kindheitsfluß / alles einen Begriff von mir hat.*[28]

Von diesem Mythos der Kindheit läßt sich die Autorin auch in ihren explizit biographischen Äußerungen leiten. In *Biographisches* (1951) sprach die damals fünfundzwanzigjährige Dichterin überhaupt nur von ihrer Jugend im Gailtal, der Landschaft in der Nähe des Dreiländerecks, wo Österreich, Jugoslawien und Italien aneinander grenzen: *Ich habe meine Jugend in Kärnten verbracht*, beginnt diese frühe biographische Notiz, *im Süden, an der Grenze, in einem Tal, das zwei Namen hat – einen deutschen und einen slowenischen. Und das Haus, in dem seit Generationen meine Vorfahren wohnten – Österreicher und Windische –, trägt noch heute einen fremdklingenden Namen. So ist nahe der Grenze noch einmal die Grenze: die Grenze der Sprache – und ich war hüben und drüben zu Hause […], aber dann kam der Krieg und schob vor die traumverhangene, phantastische Welt die wirkliche, in der man nicht zu träumen, sondern sich zu entscheiden hat.*[29]

Vor dem Hintergrund der in ihrer Kindheit und Jugend herrschenden deutsch-nationalen Politik haben ihre Erinnerungen an das Aneinandergrenzen der Sprachen und Kulturen im zweisprachigen Gailtal und an die friedliche Welt vor dem Krieg den Status von utopischen Gegen-Erinnerungen. Das gilt nicht nur für diesen frühen biographischen Text, sondern auch für die Erzählung *Jugend in einer österreichischen Stadt* (1959), wo ein politisches Tabu über Umwelt und Familie liegt und der Kriegsbeginn wie eine von außen kommende Naturgewalt in die familiäre Welt einbricht: *Bei Tisch sitzen die Kinder still da [...], während es im Radio gewittert und die Stimme des Nachrichtensprechers wie ein Kugelblitz in der Küche herumfährt.*[30] Und noch in dem späten Interview, Weihnachten 1971, in dem die Autorin von dem *bestimmten Moment* spricht, als durch den *Einmarsch von Hitlers Truppen in Klagenfurt* ihre *Kindheit zertrümmert* wurde, steht am Schluß der Satz: *Ein ganzes Heer kam da in unser stilles, friedliches Kärnten ...*[31]. Gegen das eigene Wissen, dem sie am Beginn des Roman-Fragments *Requiem für Fanny Goldmann*, im Geheimnis der österreichischen Offizierstochter Fanny Wischnewski, am nächsten gekommen sein dürfte, besteht sie auf dem Schweigen. In der hellsichtigen politischen Analyse «ihrer» Familie – *Der Tod wird kommen* (wahrscheinlich 1965) – hat sie es als ein *großes Schweigen über soviel* bezeichnet, *das aus großer Nähe zu verschweigen ist.*[32] So finden wir in den biographischen Texten das Schweigen darüber, daß das Kärnten ihrer Kindheit und Jugend und ihre Familie längst vor dem Einmarsch der Hitler-Truppen sich an den Nationalsozialismus verraten hatten, der in Kärnten seit den frühen dreißiger Jahren «über eine viel höhere Organisationsdichte» als in anderen österreichischen Bundesländern verfügte.[33] 1932 schon wurden in mehreren Gemeinden Nationalsozialisten zu Bürgermeistern gewählt, ein großer Teil der Kärntner Lehrerschaft trat damals der illegalen NSDAP bei, unter ihnen auch der Vater Ingeborg Bachmanns. Und als 1936 die österreichischen Nationalsozialisten unter dem Druck Hitler-Deutschlands im Juli-Abkommen neue politische Zugeständnisse von der klerikalfaschistischen Regierung verlangten, führte Josef Friedrich Perkonig, der spätere literarische Mentor und Lehrer Ingeborg Bachmanns, die Verhandlungen für die Kärntner Deutschnationalen. Er begleitete und verteidigte in den folgenden Jahren «die Aufrichtung und den Bestand des Dritten Reiches mit starken Worten und mit der Autorität als erster Dichter seines Landes»[34].

In Kärnten konnte man schon vor dem Einmarsch der deutschen Truppen ein Bild davon gewinnen, wie *sie dem Land die Grenzen zogen / und um die Kiefern Stacheldrahtverhau* legten und mit *Zündschnur* und *Sprengstoff* Stille und Frieden zerstörten. In diesen geschichtlichen Konflikten ihrer kärntnerischen Herkunftswelt lag der Ursprung ihres lebenslangen Gesprächs *über Grenzen* – und ihrer Sehnsucht, sie zu überschreiten: *Wir aber wollen über Grenzen sprechen, / und gehn auch Grenzen noch durch jedes Wort: / wir werden sie vor Heimweh überschreiten / und dann im Einklang stehn mit jedem Ort.*[35]

Die strittige Grenzfrage mit Jugoslawien und die noch in die Monarchie zurückreichende Volksgruppenfrage hatten, von den Deutschnationalen aufgeheizt, gerade im gemischtsprachigen südlichen Kärnten die nationalen Konflikte, Sprachenstreit und kulturelle Abgrenzung, verschärft und ein Klima der Anfeindung geschaffen, das die Nationalsozialisten dann für den gezielten Terror gegen die Slowenen nutzten. Erst nach militärischen Auseinandersetzungen und nach einer Volksabstimmung (1920) war, wie erwähnt, nach dem Zusammenbruch des Habsburgerreichs im zweisprachigen Südkärnten die Grenze zu Jugoslawien festgelegt worden – «mit Blut geschrieben», wie man seit 1931 in der Kärntner Landeshymne sang und heute noch singt: «Wo Mannesmut und Frauentreu / Die Heimat sich erstritt auf's neu, / Wo man mit Blut die Grenze schrieb [...].»[36]

Deutschnationalismus und NS-Ideologie nahmen im Verlauf der dreißiger Jahre zunächst illegal und nach der Annexion Österreichs durch das Hitler-Regime im Jahr 1938 offiziell die Form jener kriegerischen Grenz- und Volkstumskampfmentalität an, die in der brutalen Aussiedlungspolitik eskalierte. Die «erste und wichtigste Aufgabe» der NS-Politik im «Reichsgau Kärnten», «die Ausmerzung des Slowenischen» durch gewaltsame Aussiedlungen, stieß aber bei der Bevölkerung und sogar bei vielen Parteigenossen auf Ablehnung und Widerstand.[37] Damals, 1943, protestierte Josef Friedrich Perkonig, der literarische Repräsentant Kärntens im Ständestaat und in der NS-Zeit, mit einer «Denkschrift, betreffend die Aussiedlung von Kärntner Slowenen»[38].

Der Vater in Kärntner Heimattracht, mit der Tochter Ingeborg auf einem Fahrradausflug

Wie massiv in dieser Zeit und in diesem regionalen politischen Raum mit dem Heimat-Begriff Politik der Gefühle betrieben wurde, beweist jeder Blick in die damaligen Kärntner Heimatbücher, in die Programme der Volkstumsvereine und die politische Arbeit der *gefühlvollen Männergesangsvereine* (*Malina*), die besonders in der Zeit der illegalen Parteiarbeit der NSDAP von 1934 bis 1938 großen Zulauf hatten. Die reiche Alltagskultur einer gemischtsprachigen Region und das Erlebnis der Kärntner Landschaft wurden der deutschnationalen «Volksgemeinschafts»-Ideologie unterworfen, einer Heimat-Kultur, die zuletzt, so erlebte es die achtzehnjährige Ingeborg Bachmann, auf den Mord an den Töchtern hinauslief – *Die Erwachsenen, die Herren «Erzieher», die uns umbringen wollen.*

In dieser Zeit und in diesem Land ist die biographische und historische Erklärung für das erste Traumbild im zentralen Kapitel von Ingeborg Bachmanns Roman *Malina* zu finden. Aus dem Landschaftsraum am See, in einer düsteren Götterdämmerungsstimmung, tritt zum erstenmal die Gestalt des Vaters hervor. *Ein großes Fenster geht auf, größer als alle Fenster, die ich gesehen habe, aber nicht auf den Hof unsres Hauses in der Ungargasse, sondern auf ein düsteres Wolkenfeld. Unter den Wolken könnte ein See liegen. Ein Verdacht kommt mir, welcher See es sein könnte. Aber er ist jetzt nicht mehr zugefroren, es ist nicht mehr Freinacht, und die gefühlvollen Männergesangsvereine, die einmal auf dem Eis, mitten im See, standen, sind verschwunden. Und den*

«Aufgaben: Unter- und Oberlängen, steilschriftig. Übungen im Horizontgewinn und Traumverlust» («Jugend in einer österreichischen Stadt»)

See, der nicht zu sehen ist, säumen die vielen Friedhöfe. Auf einem der Friedhöfe steht neben dem Mädchen der Vater. Der erste Satz fällt, von einem alten Totengräber gesprochen: *Das ist der Friedhof der ermordeten Töchter.* Die bedrohlichen geschichtlichen Ahnungen der Schreckenslandschaft unter dem *düstere[n] Wolkenfeld* verdichten sich nun zu einer Traumszene, die zum Fürchterlichsten gehört, das jemals in der Literatur geschrieben wurde, dem Gaskammertraum: *die größte Gaskammer der Welt,* darin eingesperrt die Tochter mit dem Vater, der sich entfernt und sie im Gas zurückläßt. *Mein Vater, sage ich ihm, der nicht mehr da ist, ich hätte dich nicht verraten, ich hätte es niemand gesagt. Man wehrt sich hier nicht.*[39]

Der Beginn des Traumkapitels enthält die Urszene der Literatur nach 1945. Ein Kind der Tätergeneration fragt nach einem Ausweg aus der Welt des Holocaust und wird dabei von seinem Vater im Stich gelassen. Das Vater-Thema der Literatur des 20. Jahrhunderts, denkt man an die expressionistischen Dramen oder an Kafkas großen Brief an den Vater, hat nun eine gravierende geschichtliche Veränderung erfahren. Es ist nicht mehr der Sohn das Opfer des Vaters, sondern die Tochter. Und die Tochter beginnt sich vom Vater und seiner Welt zu trennen. Die Welt des Vaters, das ist jetzt, im Roman nach 1945, die Welt des Holocaust.[40]

«Der dunkle Schatten»

Kunst in den Erbschaften dieser Zeit

Auf eine Katastrophenlandschaft blickt die Verfasserin des Tagebuchs bei Kriegsende. Das Vaterland hat sich als todbringende Kultur erwiesen. Das Rettende kam von der Gegenseite, von einem Österreicher, den diese Kultur umgebracht hätte, wäre er nicht ins Exil geflohen. Und rettend erwies sich das konspirative Miteinander einiger junger Frauen, Kinder fast noch, die gegen die Todeskultur Alternativen lebendig erhalten hatten. Vielleicht war Ingeborg Bachmann unter ihnen die einzige, die Tagebuchaufzeichnungen legen es nahe, die in der Beziehung zu einem jungen englischen Besatzungssoldaten eine größere Hoffnung sah als heiraten und das Land verlassen. *Natürlich will ich fort, aber damit ich studieren kann, und ich will überhaupt nicht heiraten, auch keinen Engländer wegen ein paar Konserven und Seidenstrümpfen.* Sie schreibt, daß es für die anderen schwer zu verstehen ist, *was für mich alles bedeutet.* Das *wegen «mit dem Juden»*, so ihre Formulierung im Tagebuch, wird keine Episode bleiben; auch nicht die Auseinandersetzung mit den Vätern *einer solchen Katastrophe.*[41]

Und doch scheint der helle Aufbruch im Frühsommer 1945, unmittelbar nach der Befreiung, zunächst in Vergessenheit zu geraten. Mit der Entscheidung zum Studium bricht die Unsicherheit auf, ob sie ihrer Berufung zum Schreiben folgen könne. Ihr hoher Begriff von Kunst kommt von einem Ideal-Ich, das, wie Freud es darstellt, eine strengere Macht auszuüben imstande ist als die reale väterliche Autorität.[42] Es unterwirft sie lähmenden Selbstzweifeln, setzt sie der Erfahrung des eigenen Unwerts aus und läßt in ihr monströse Vorstellungen von Opfer und Erlösung entstehen. Nach der Befreiung von der äußeren Unfreiheit des NS-Regimes im Mai 1945 sieht sie sich vor die Entscheidung gestellt, eine *Knechtschaft* unter dem Ich-Ideal der Kunst auf sich zu nehmen, die *innerlich noch verpflich-*

tender und schwerer ist – *um den äußeren, irdischen Preis eines Glanzes.*[43]

Im Herbst 1945 verläßt sie *für immer dieses Land,* weil sie *das Fürchten lernen wollte.* Diese Formel für den Abschied steht in dem großen biographischen Gedicht *Von einem Land, einem Fluß und den Seen.* In dem bereits in Italien geschriebenen Gedicht – eines der Eröffnungsgedichte im zweiten Lyrikband *Anrufung des Großen Bären* (1956) – ist, wie fast immer in den stärker autobiographischen Texten Ingeborg Bachmanns, von einem männlichen «er» die Rede: von *einem,* der *fortging aus dem Land, von Fluß und Seen,* und der *kalt und entzaubert* dem Land den Rücken kehrte.[44] In Wirklichkeit war das Abstandnehmen vom Komplex der eigenen Herkunft, das die Entzauberung ermöglicht, ein viel langwierigerer und widersprüchlicherer Prozeß, als es das rund zehn Jahre nach dem Weggehen verfaßte Gedicht vermuten läßt.

In Innsbruck, das zur französischen Besatzungszone in Österreich gehörte, begann Ingeborg Bachmann das Studium der Philosophie. Die an der philosophischen Fakultät der Innsbrucker Universität im Wintersemester 1945/46 belegten Fächer weisen auf ein breitgestreutes geisteswissenschaftliches Interesse und zugleich eine gewisse Unentschlossenheit. Im Universitätsarchiv befinden sich Unterlagen zu inskribierten Vorlesungen und Übungen aus Philosophie, Psychologie, Germanistik und Kunstgeschichte.[45] Sie wohnt in diesem ersten Semester in Arzl, einem Ort am östlichen Stadtrand von Innsbruck. Unmittelbar davor liegt Mühlau mit dem Friedhof, auf dem Georg Trakl begraben ist. Paul Celan wird im Juli 1948 auf seiner Reise von Wien nach Paris nach Innsbruck kommen und das Grab Trakls besuchen.

Ingeborg Bachmann bleibt nur ein Semester in Innsbruck, setzt das Studium dann im Sommersemester 1946 in Graz fort, inskribiert nun Philosophie als Hauptfach, im Nebenfach Germanistik und dazu, als ordentliche Hörerin der juridischen Fakultät, staatswissenschaftliche Vorlesungen – und bleibt wieder nur ein Semester. Für das darauffolgende Wintersemester schreibt sie sich im September 1946 in Wien ein, wo sie ihr

Philosphiestudium im März 1950 mit den Rigorosen abschließen wird.

Die aus großer persönlicher Not geschriebenen literarischen Werke unmittelbar vor und nach dem Weggang aus Kärnten sprechen von innerer Gebrochenheit, verzweifelter Unrast, Angst – daß sie *den Weg verlieren könnte*, und *noch mehr*, daß sie *keinen finde.*[46] *Innsbruck wird mich schwer gesund machen* (Arzl, 8. Oktober 1945), liest man in den *Briefen an Felician.* Die Ahnung überkommt sie, daß sie *keine Ruhe* finden wird: *daß ich fort muß, mein Gott, vielleicht gehe ich schon nach diesem halben Jahr.*[47] Ein Gedicht, *Ich frage*, mit dem 2. November 1945 datiert, stellt die Frage nach jenem unheimlichen *Lastbewußtsein*, das sie nicht losläßt: *Ich frag mich alle Stunden tausendmal, / Woher nur dieses Lastbewußtsein kam, / Dies dumpfe immer tiefe Schmerzen.*[48] *Ängste*, mit 8. Dezember 1945 datiert, beginnt mit den Versen: *Was wird denn bleiben? / Ich seufze, leide, suche, / und meine Wanderschaften / werden niemals enden. / Der dunkle Schatten, / dem ich schon seit Anfang folge / führt mich in tiefe Wintereinsamkeiten.*[49] Ähnlich der Beginn des Briefs an Felician vom 10. Oktober 1945: *Was soll ich machen? Ich bin oft so einer trostlosen Depression preisgegeben. Das ist eine Hoffnungslosigkeit, ein Abstieg in eine uferlose Verzweiflung. Ob ich doch noch einmal diese Sonne schaue! […] Einziger Freund, «die Kunst ist eine harte Herrin».*[50]

Die *Briefe an Felician* (datiert vom 16. Mai 1945 bis 27. Mai 1946) sind in einem rätselhaften Zwischenbereich von persönlichem Adressatenbezug und träumerischer Selbstaussage angesiedelt. Literatur und Leben, Liebe und Kunst, leidvoll oder strahlend erlebte Künstlerschaft, das sind die Themen, die das innere Drama des schreibenden Ich ausmachen. *Zwei Menschen sind in mir, einer versteht den andren nicht. Ich fürchte den das Leben so alles liebenden sehr. Er wird übermächtig. Und ich weiß, daß doch für den andren die Zeit kurz werden könnte.*[51] Stellenweise lesen sich die Felician-Briefe wie Bachmanns Version von Thomas Manns «Tonio Kröger» – oder wie eine Vorwegnahme der Aufspaltung des Ich im *Malina*-Roman, nur daß in den Briefen der Geliebte mit der absoluten Autorität der Kunst zusammenfällt. *Ich kam zu Felician, wann ist nicht wichtig und ich war das dümm-*

ste und nichtssagendste Geschöpf, das man sich vorstellen kann, heißt es in den Entwürfen zu einem Jugendstück, das die Felician-Thematik inszeniert.[52] In den Briefen spricht die innere Welt des weiblichen Ich sich in einer dem Traum verwandten Imagination ungeschützter aus, nimmt die imaginäre Unterwerfung unter die Kunstidee und den idealen Geliebten religiöse Formen an. *Ich verlöre alle Würde, alle Reinheit, allen Glauben, wäre nicht der hohe Gedanke an Dich, der mich schon Jahr um Jahr in der weitesten und traurigsten Entfernung aufrecht und groß erhält* (Brief vom 25. Mai 1945).[53] *Ich wundre mich oft, woher ich die Anmut nehme, einen schönen Gedanken zu sagen. Mein Geständnis von Armut und Not würde Dir eine endlose Leere zeigen. Ich bin so gewöhnlich und klein, ich werde irgendwo am Wege liegen bleiben. Wie konnte ich nur den flackernden Sinn von tausend begehrlichen Wünschen mit mir ins Leben bringen* (27. Juni 1945).[54] *Doch wenn ich nichts zu schwören bereit wäre, dieses doch, daß Du mein einziger Altar bist, meine Fragen, meine Wünsche, meine endlichen Dinge, und nicht zuletzt meine Liebe, enden bei Dir. Ich werde immer zu Dir gehen, solange ich den Weg gehen darf, wirst Du mich finden* (April oder Mai 1946).[55]

Das männliche Gegenüber in den *Briefen an Felician* ist der *herzliebste Mann,* der *einzige Freund* und zugleich das harte Gesetz der Kunst. Vor ihm spricht sich die anbetungs- und unterwerfungsbereite Liebende aus, als könne sie sich selber nur vor ihm erklären. Er ist ihr *einziger Altar,* auf dem sie alles zu opfern bereit ist, ein Ich-Ideal, das bis in die gequälten Wendungen der Sprache, die Bilder von Opfer, Blut und Altar, eine der «Kontinuitäten» zum Kulturbegriff des jüngst vergangenen und aller vorherigen männlichen Machtsysteme darstellt. Später hat Bachmann diese männliche Machtposition mit Simone Weil *das große Tier* genannt: *alles, was Macht ausübt und Macht ausgeübt hat*[56]. In *Malina* wird sie die Spur dieses männlichen Alter ego, dem sie sich als Autorin unterworfen hat, in einer einzigartigen kriminalistischen Recherche auf dem innerpsychischen Schauplatz ihres Ich verfolgen. Nach dem Erscheinen des Romans sagte die Autorin in einem Interview, daß sie *immer gewußt* habe: *ich muß dieses Buch schreiben – schon sehr früh*[57]. Und in *diese[m] Buch* stoßen wir genau auf das disparate Verhältnis von weiblichem Ich und männlich gedachter Autorschaft, das in den *Briefen an Felician* so unbefragt angenommen wird. Im Roman wird das weibliche Ich von Malina den Blick zurück in die Vergangenheit wenden, wenn es überlegt, *daß seine Ruhe davon herrührt, weil ich ein zu unwichtiges und bekanntes Ich für ihn bin, als hätte er mich ausgeschieden, einen Abfall, eine überflüssige Menschwerdung, als wäre ich nur aus seiner Rippe gemacht und ihm seit jeher entbehrlich, aber auch eine unvermeidliche dunkle Geschichte, die seine Geschichte begleitet, ergänzen will, die er aber von seiner klaren Geschichte absondert und abgrenzt. Deswegen habe auch nur ich etwas zu klären mit ihm, und mich selber vor allem muß und kann ich nur vor ihm klären.*[58]

Die Welt der Literatur, die Ingeborg Bachmann nun betritt, das ist jenes «generationenbreite Gelände» – so Christa Wolf im Zusammenhang ihrer Bachmann-Interpretation in den Frankfurter Poetik-Vorlesungen –, in welchem «jede Frau, die sich in diesem Jahrhundert und in unserem Kulturkreis in die von männlichem Selbstverständnis geprägten Institutionen gewagt hat – ‹die Literatur›, ‹die Ästhetik› sind solche Institutionen –, den Selbstvernichtungswunsch kennenlernen mußte»[59].

Inge von Weidenbaum hat als möglichen Adressaten der *Briefe an Felcian* die Person des Kärntner Heimatschriftstellers und ehemaligen NS-Repräsentanten Josef Friedrich Perkonig genannt.[60] Ein Indiz dafür ist ein Gedicht-Typoskript im Nachlaß mit der Widmung: *An JFr. Perkonig.* Möglich, daß in Bachmanns Felician-Brief vom 30. März 1946 auf dieses Gedicht angespielt wird.[61] Dieser Name wurde dann durchgestrichen und durch *An Felician* ersetzt, vielleicht zu der Zeit, da auch in den Briefen zum erstenmal die Anrede *Felician!* auftaucht (30. März 1946). Ingeborg Bachmann kannte Josef Friedrich Perkonig. Er hatte von ihrem Vater *Carmen Ruidera* (1942) ausgehändigt bekommen und später *Das Honditschkreuz* (1943) an Franz Karl Ginzkey empfohlen.[62] In der Abiturientenklasse der Klagenfurter Lehrerbildungsanstalt war er ihr Deutschlehrer. Der ungewöhnliche Name «Felician» könnte von der Hauptgestalt in

Perkonigs Roman «Bergsegen» herkommen, der 1943 wieder aufgelegt wurde, aber bereits 1928 zum erstenmal erschien. Ein Roman, der mit seinem Protagonisten, einem drogensüchtigen urbanen Intellektuellen, keineswegs bruchlos dem Genre Heimatroman und der Blut-und-Boden-Literatur zuzuordnen ist.

Trotzdem ist schwer vorstellbar, daß die junge Ingeborg Bachmann diese träumerisch ungeschützte Imagination einer überwältigenden Liebe und ihrer inneren Gespaltenheit einem ihr doch fernstehenden Mann preisgegeben hätte. Wenngleich es eine biographische und historische Logik hat, daß er, der exemplarische Autor Kärntens, im religiös autoritären Entwurf von Künstlerschaft in den *Felician-Briefen* als Vexierbild herumgeistert. Das zutiefst Beunruhigende dieser historisch-biographischen Korrespondenzen wird damit nicht aus der Welt geschafft. Man mag an andere Beispiele irritierender Liebesbeziehungen denken oder den fiktiven Charakter der Briefe betonen, schwer begreiflich bleibt die Gespaltenheit des biographischen Ich, jene Trennung und Parzellierung, bei der das Tagebuch nichts von den Briefen weiß und die Briefe nichts vom Tagebuch und diese wieder nichts von anderen Briefen an andere Personen.

Die Selbstbefreiung war mit dem Datum der historischen Befreiung nicht zu Ende. In der bedingungslosen Unterwerfung unter die Autorität der Kunst und das Gesetz der männlichen Autorschaft behielt die symbolische Ordnung der Väter noch lange ihre Macht über das schreibende Ich. Der erste Traum im zentralen Kapitel von *Malina – Der dritte Mann* – zeigt uns das Mädchen neben dem Vater auf dem *Friedhof der ermordeten Töchter*. Die Landschaft, unverkennbar die Kärntner Heimat Ingeborg Bachmanns, ist von der Gewalt des Vaters besetzt. Der abschließende Traum führt dann in ein Panorama historischer Gewalt, immer mit der Vaterfigur als Hauptakteur. Und nun wird die weibliche Traum-Figur auf die Einsicht hingedrängt, vor der sie zurückschreckt: daß es eine verborgene Komplizenschaft zwischen Malina, ihrem Alter ego, ihrem Begriff von Kunst und Autorschaft, und dem Vater gibt. Es wird ihr die Einsicht abverlangt, daß nicht nur ihr Herkunftsland, das Land am *Fluß und den Seen*, sondern auch ihr Zugang zur Kunst von der väterlichen Gewaltkultur beherrscht gewesen ist. Geradezu exemplarisch hat ihr erster literarischer Mentor Josef Friedrich Perkonig diese Komplizenschaft als der Dichter Kärntens repräsentiert.

In die Zeit unmittelbar nach dem Kriegsende fällt die erste literarische Publikation Ingeborg Bachmanns, die Erzählung *Die Fähre*. Von Graz aus schickt sie die Erzählung an die «Kärntner Illustrierte», wo sie am 31. Juli 1946 im Jg. 2., Nr. 36, erscheint.[63] Ein handschriftlicher Entwurf dieser Erzählung ist mit 8. Juli 1945 datiert. Figurenkonstellation und erzählerische Topographie enthalten wieder den Grundkonflikt des schreibenden Ich, auseinandergelegt im Dreiecksverhältnis von Jossip, Maria und dem gedankenvollen *Herrn*. Erzählt wird aus großer Nähe zu Jossip Poje, dem jungen Fährmann. Dessen Welt, eine sommerliche Flußlandschaft, artikuliert den *tausendstimmige[n] Gesang* des Begehrens. Jossip, diesseits des Flusses, liebt Maria, die aber dem Herrn jenseits des Flusses verfallen ist. *Der Herr ist nicht mehr jung*. In seinem Haus *von brennender weißer Farbe*, auf einer Höhe gelegen, verkörpert er das einsame Denken, für das die Frau nicht existiert. *Sie kann viele Male zu ihm kommen, er wird sie nicht sehen, wenn sie kein Wort sagt. Er wird ihre Augen nicht verstehen und die Schweigende fortschicken. Er wird nichts von ihrer Traurigkeit und ihrer Liebe wissen*, weil er anderes zu denken hat, *an große Dinge denkt*.[64] Oft wiederkehrende Motive von Bachmanns späteren Werken sind in der Topographie dieser Erzählung angelegt: *[...] nur mit Gedanken Umgang haben und allein / nichts Liebes kennen und nichts Liebes tun? / Muß einer denken? Wird er nicht vermißt?*, fragt das Ich im Gedicht *Erklär mir, Liebe* (1956)[65], ähnlich wie sich das weibliche Ich neben dem denkenden männlichen Alter ego, dem Schriftsteller und Historiker Malina, als *ein zu unwichtiges und bekanntes Ich für ihn* erfährt.[66]

Für die junge Autorin dürfte die Erzählung im Jahr 1945 ein Versuch gewesen sein, anders als in den *Briefen an Felician*, durch eine erzählerische Konstruktion Distanz zu finden von der höchst realen Unmittelbarkeit des aufbrechenden Konflikts mit der vor ihr liegenden Dichter-Existenz.

Das hohe Ideal, Herr und Herrlichkeit in einem, war *das einzige*, das sie aus der jüngsten Vergangenheit in ihr *neues Leben* hinübernehmen wollte. *19. September 1945, Innsbruck!*, beginnt der Brief, der mit dem Erreichen des Studienorts einen neuen Lebensbeginn ankündigt: *Nun müßte ich Dich wohl lassen. Für lange. Dies ist unsre Bestimmung. [...] Mein Gott, ich spreche, wie nach einem Ende. Es hat nie ein Ende gegeben, oft glaube ich, dies soll vielleicht das einzige sein, das ich in mein neues Leben herübernehmen möchte, weil es das Beste und Köstlichste war.*[67]

Erklär mir, Liebe

[...]
Erklär mir, Liebe, was ich nicht erklären kann:
sollt ich die kurze schauerliche Zeit
nur mit Gedanken Umgang haben und allein
nichts Liebes kennen und nichts Liebes tun?
Muß einer denken? Wird er nicht vermißt?

Du sagst: es zählt ein andrer Geist auf ihn ...
Erklär mir nichts. Ich seh den Salamander
durch jedes Feuer gehen.
Kein Schauer jagt ihn, und es schmerzt ihn
nichts.

(Werke, Bd. I, S. 109 f.)

Es war die alte Herrlichkeit der Kunst dann doch nicht *das Beste und Köstlichste*, das sie mitnahm aus ihrer Vergangenheit. Es konnte ihr so erscheinen, weil sie alles dafür zu geben bereit war – und auch gegeben hat. Später sprach sie mit den Worten Marcel Prousts vom *«grausame[n] Gesetz der Kunst»*[68], dann vom Schreiben als *Zwang, Obsession, Verdammnis* und *Strafe*[69], und in ihrem Werk hinterließ sie eine Galerie von monströsen Gestalten, die in Erinnerung bewahren, wieviel Blut und Tränen den kostbaren Errungenschaften der Kunst zugrunde liegen: der *Feldherr*, der sich selber in den lebensgefährlichen Kampf stürzt[70], der *Vampir*, der sich vom Blut lebendiger Erfahrungen nährt[71], die Eule, die ihr das Herz ausraubt[72], oder Blaubart, mit dem noch der unscheinbare, graue Malina in Verbindung gebracht wird – *denn das letzte Zimmer ist sein Zimmer*[73]. *Da das ganze Buch* auf *die Gewinnung dieser überlegenen Figur [...] angelegt ist*, so die Schriftstellerin in einem Interview zu ihrem Roman *Malina*, ihrem *Buch*, wie sie sagte, *gibt es natürlich schon zum erstenmal diese vielen Todesarten des Ich, die zu seiner Zerstörung führen.*[74] Zum *erstenmal* in ihrem Werk aber enthielt das Gedicht *Ängste*[75] vom Dezember 1945 eine der schaurigen *Todesarten* des weiblichen Ich. Im Banne des dunklen Schattens gerät es in ein eisiges Gelände, dann in einen gespenstischen Club der toten Dichter. Das Beste und Köstlichste in ihrer Vergangenheit, für das es *nie ein Ende gegeben* hat, so der erste Brief aus Innsbruck, das ist hier der *dunkle Schatten*, dem das Ich *seit Anfang* folgt und der es in *tiefe Wintereinsamkeiten* und Schreckensbezirke führt.

Das grausame Gesetz der Kunst, *herrengleich* durch die literarischen Vorgänger definiert, verlangt die Blüte des Lebens, das Herzblut, das *überm Gletscherhang* verströmt werden muß. Die einzige Angst des Ich, das wie die Vorangegangenen sich selbst aufopfern will, ist, daß es sich *vergeblich verschwenden* könnte, daß es dem dunklen Schatten sein Leben überläßt und doch ohne Nachruhm bleibt. Der gespenstische persönliche Mythos des schreibenden Ich rückt das gesellschaftlich Unbewußte einer Kultur in den Blick, die sich kulturelle Leistung nur im Zeichen von Opfer und Gewalt vorstellen kann – eine der «Erbschaften» nicht nur der eben zu Ende gegangenen jüngsten Vergangenheit, sondern einer weiter zurückreichenden Geschichte der Repression und Entsa-

Ängste

Was wird denn bleiben?
Ich seufze, leide, suche,
und meine Wanderschaften
werden niemals enden.
Der dunkle Schatten,
dem ich schon seit Anfang folge
führt mich in tiefe Wintereinsamkeiten.
Dort steh ich still [...].
Blaue Gespenster springen in den Raum.
Die Abgeschiedenen, die vor mir irrten
Verlangen herrengleich ein altes Recht.
Nun werden sie bezahlt mit Blüten,
die viele Sommer sahen
und diesen Winter brechend niederfallen.
Die Bäume brüten Kälte vor sich hin
und Tränen, die mir Mondenglanz entlockte
hängen als dürre Zapfen sich ins Eis.
So, wie dort drüben, überm Gletscherhang,
die Langverblichenen ihr Blut verströmten,
so folg ich nach, auch ihnen gleich zu tun.
Ich horche den Jahrhunderten entgegen
und ganz erloschen will ich dort nicht sein.
Dem Schatten, der so weit will gehen,
versuch ich meine Spuren einzudrücken,
nur fürchtend mich vergeblich zu
verschwenden.

(Nachlaß, Bl. 6188)

gung.[76] Die mythischen Bilder geben aber auch eine Ahnung davon, welch gewaltige Ich-Dramatik dem Schreiben und dem Begriff der Künstlerschaft bei Ingeborg Bachmann zugrunde liegt, die «Gewalt eines Schicksals-Konzentrats, das Furcht und Mitleid zu entbinden geeignet ist wie kein aktuelles Schicksalsdrama jemals wieder sonst»[77].

Ingeborg Bachmann hat dieses Jahr nach dem Krieg mit den Studienaufenthalten in Innsbruck und Graz in späteren autobiographischen Äußerungen als eine Art Umweg beim Aufbruch von Klagenfurt nach Wien meist gar nicht erwähnt und ihr Studium gleich in Wien beginnen lassen: *der Weg [...] nach Wien wird immer der längste bleiben*, liest man in *Biographisches* (1952).[78] Denkt man an all das, was Wien für sie bedeutet, die Verbindung zur zeitgenössischen Moderne in der Literatur und in der metaphysikkritischen Philosophie des Wiener Kreises, die Begegnung mit den von den Nazis vertriebenen Schriftstellern und besonders die so folgenreiche Begegnung mit Paul Celan, könnte man geneigt sein, im Umweg über Innsbruck und Graz nur ein Stück dieses längsten Wegs von der Provinz in die Metropole zu sehen.

Nach dem Sommersemester in Graz hatte die Philosophiestudentin in den Ferien – *Obervellach, 23. 7. 1946* – einen Brief an Rudolf Felmayr, Zeitschriften- und Rundfunkmitarbeiter in Wien, geschickt und ihn um eine Veröffentlichung der *beigelegten Gedichte* ersucht. Sie sei *zwanzig Jahre alt, studiere an der Universität Graz Philosophie und höre daneben Staatswissenschaften*, schreibt sie. *Da ich in kurzer Zeit nicht mehr in der Lage sein werde, die Mittel für mein Studium aufzubringen, dachte ich an die Möglichkeit der Veröffentlichung literarischer Arbeiten. Allerdings zweifle ich sehr am Gelingen meiner Absicht – Ich bitte Sie nun sehr, mir einen Weg zu zeigen, den ich, auch jung und unbekannt, gehen kann.*[79]

«‹Nach dem Krieg› – dies ist die Zeitrechnung»

Wien 1946 bis 1953

Wien, Herbst 1946, als Ingeborg Bachmann *jung und unbekannt* dort ankam. Eine Großstadt, in der es noch immer Hunger gibt, viele Wohnungen im Krieg zerbombt, Flüchtlingselend auf den Straßen. Die architektonischen Symbole der Stadt, Stephansdom, Staatsoper und Burgtheater sind zerstört, der berühmte Wurstelprater ist verbrannt. Ein «gigantischer schwarzer und grauer Markt» hatte sich etabliert, der Wiener Resselpark ein Zentrum des Schleichhandels, die von den alliierten Truppen besetzte Stadt berüchtigt als Tummelplatz der Spione in den neuen Fronten des Kalten Kriegs.[80] Ein Film hat die düstere Nachkriegsatmosphäre in der österreichischen Metropole eingefangen – «Der dritte Mann» (1949). Den Titel dieses Films wählte Ingeborg Bachmann als Überschrift für das zentrale Kapitel in *Malina*, das Traumkapitel.

Noch vor der Kapitulation des Deutschen Reichs im Mai 1945 war in Wien eine provisorische österreichische Regierung gebildet worden, der es gelang, sich gesamtstaatlich durchzusetzen. Die offizielle Regierungspolitik berief sich auf die Moskauer Deklaration aus dem Jahre 1943, die Österreich als «erstes Opfer Hitler-Deutschlands» bezeichnete. Die staatspolitische Durchsetzung der Opfer-These, eine Halbwahrheit, bedeutete international eine Entlastung von der Mitschuld an den Verbrechen des Nationalsozialismus, lenkte aber ab von der Aufarbeitung der Vergangenheit, indem sie Täter und Opfer in eine verlogene österreichische Opfergemeinschaft einschloß und die politische Handhabe abgab, die Entschädigung der wirklichen Opfer des Nationalsozialismus auf die lange Bank zu schieben.

Kulturell und mentalitätsgeschichtlich führte die offizielle staatliche Nachkriegspolitik zur Kontinuität mit der Epo-

Tagebuch der Straße. Das Plakat zum Film «Der dritte Mann», Wien 1949

che vor 1938.[81] Man brauche «nur dort fortzusetzen», wie das der seigneurale Schriftsteller Alexander Lernet-Holenia formulierte, «wo uns die Träume eines Irren unterbrochen haben, in der Tat brauchen wir nicht voraus-, sondern nur zurückzublicken [...] wir sind im besten und wertvollsten Verstande unsere Vergangenheit». In frivoler Zweideutigkeit proklamierte Heimito von Doderer nach 1945 in Österreich den «Anschluß [!] an die Tiefe der Zeiten»[82]. Die fällige Aufarbeitung der jüngsten Vergangenheit und deren Vorgeschichte im Austrofaschismus wurde verdrängt durch die Rekonstruktion des großen österreichischen Erbes. Mit geradezu physischem Unbehagen hat Max Frisch bei seinem Wien-Besuch im Jänner 1948 das österreichische Nachkriegsarrangement registriert – die fürchterlichen Deutschen und die Österreicher als Opfer, das sei «hier der allgemeine Dreh»: «In Berlin fühle ich mich wohler. Charme zur Haltung gemacht, ist etwas Fürchterliches. Waffenstillstand mit der eignen Lüge. Daher das Kampflose, Müde, Mumifizierende».[83]

Das lange Schweigen über die nationalsozialistischen Verbrechen in der österreichischen Gesellschaft und das Verschweigen der Vorgeschichte der NS-Zeit im österreichischen Bürgerkrieg und im Austrofaschismus hat hier, in der offiziellen Nachkriegspolitik, seine Ursache. Es wurde erst in der öffentlichen Diskussion um die Präsidentschaft Kurt Waldheims aufgebrochen. Das war in den achtziger Jahren. In den Jahrzehnten davor, von der Konzeption der Erzählung *Unter Mördern und Irren* in der zweiten Hälfte der fünfziger Jahre bis zu den *Todesarten*-Romanen und der letzten Erzählung *Drei Wege zum See* am Beginn der siebziger Jahre, hat Ingeborg Bachmann von Rom aus dieses Tabu der österreichischen Nachkriegsgeschichte zum Gegenstand ihrer epischen Recherche gemacht und die verdrängte österreichische Geschichte *im Ich*[84] ihrer erzählten Figuren aufgedeckt. Man könnte die *Todesarten*-Romane, besonders die erzählte Innenwelt von *Malina*, als nicht offizielle, ins Unbewußte verdrängte Geschichtsschreibung bezeichnen, als verstörende Wiederkehr der ausgelöschten Geschichte. *In einer Entwicklung bleibt ja nichts ohne Folgen, und dieser tägliche Brand des Justizpalastes …*, sagt das weibliche Ich in *Malina* über die verstörende Gegenwart des Vergangenen – *(Flüstern von Herrn Mühlbauer: 1927, 15. Juli 1927!) / Der tägliche Brand […] Dieses tägliche Brennen … / (Herr Mühlbauer stoppt und fragt, ob er das letzte Stück löschen dürfe, er sagt ‹löschen› und er löscht schon.)*[85]

Es hatte in Wien gleich nach dem Krieg, in einer Trümmerlandschaft und trotz größter sozialer Not, gerade im Bereich der Literatur ermutigende Initiativen eines bewußten Neubeginns und Miteinanders auf einer veränderten gesellschaftlichen Grundlage gegeben. Auf dieses Zusammenwirken der älteren, meist aus der Emigration zurückgekehrten Generation jüdischer Intellektueller und einer jungen skeptischen Generation traf Ingeborg Bachmann, als sie 1946 nach Wien kam. Anders als in der westdeutschen Nachkriegsliteratur herrschte in Österreich nicht die Vorstellung einer Stunde Null oder die Programmatik des literarischen Kahlschlags. Es kam zu keiner Konfrontation der skeptischen jungen mit der – antinazistischen – älteren Generation, man teilte die meisten Vorbilder, ob das Rilke, Trakl, Karl Kraus oder Musil waren – und bald auch die Surrealisten.[86] Zum Bewußtsein dieser Kontinuität trug auch die Tatsache bei, daß die materiellen Grundlagen der Literatur, Bibliotheken, Verlage und Druckereien, bei weitem nicht so stark von den Zerstörungen betroffen waren wie in Deutschland, so daß sogar die Überlegung angestellt wurde, Wien anstelle des weitgehend zerstörten Leipzig zu einer neuen Verlagsmetropole zu machen.[87]

Schon in den ersten Heften der neu gegründeten Literaturzeitschriften wurde die Wiener Moderne in der Musik, Malerei und Literatur in Erinnerung gerufen, vertriebene österreichische Schriftsteller kamen von Anfang an zu Wort, wichtige Texte der internationalen literarischen Moderne erschienen, und im Nachkriegs-Wien wurde «die schwarz-rote Fahne des Surrealismus» entrollt.[88] Im ersten Heft des «Plan», der wichtigsten Literaturzeitschrift für die Zeit von 1945 bis 1947/48, war die surrealistische Kunst mit vier Zeichnungen Edgar Jenés vertreten, den Paul Celan den Wiener

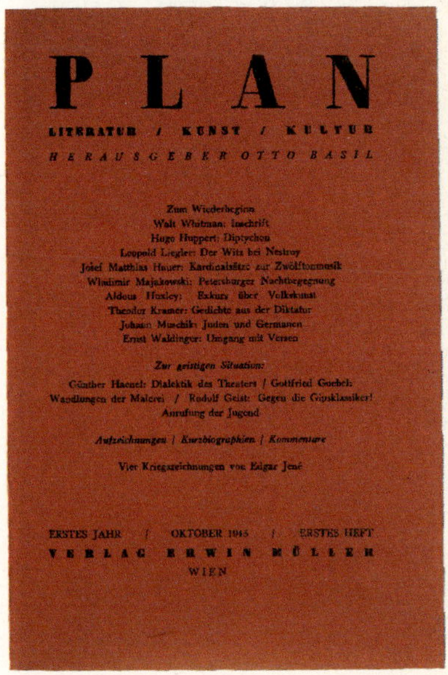
PLAN
LITERATUR / KUNST / KULTUR
HERAUSGEBER OTTO BASIL

Zum Wiederbeginn
Walt Whitman: Inschrift
Hugo Huppert: Diptychon
Leopold Liegler: Der Witz bei Nestroy
Josef Matthias Hauer: Kardinalsätze zur Zwölftonmusik
Wladimir Majakowski: Petersburger Nachtbegegnung
Aldous Huxley: Exkurs über Volkskunst
Theodor Kramer: Gedichte aus der Diktatur
Johann Muschik: Juden und Germanen
Ernst Waldinger: Umgang mit Versen

Zur geistigen Situation:

Günther Haenel: Dialektik des Theaters / Gottfried Goebel: Wandlungen der Malerei / Rudolf Geist: Gegen die Gipsklassiker! Anrufung der Jugend

Aufzeichnungen / Kurzbiographien / Kommentare

Vier Kriegszeichnungen von Edgar Jené

ERSTES JAHR / OKTOBER 1945 / ERSTES HEFT
VERLAG ERWIN MÜLLER
WIEN

Plan 1 (1945), die wichtigste österreichische Nachkriegszeitschrift

«Papst des Surrealismus» nannte.[89] Symptomatisch für das Miteinander der Überlebenden des Holocaust mit den Vertretern der inneren Emigration und einer kritischen jungen Schriftsteller-Generation in dieser ersten, hoffnungsvollen Phase der österreichischen Nachkriegsliteratur zwischen 1945 und 1947/48 ist, daß der «Plan» in der letzten Nummer im Februar 1948 siebzehn Gedichte Paul Celans abdruckte, und, was noch bezeichnender ist, daß Celans Gedichte sofort in ihrer herausragenden Bedeutung für die zeitgenössische Lyrik erkannt und als lyrisches Pendant neben die Prosa Franz Kafkas gestellt wurden.

Der expressive Buchumschlag von Ilse Aichingers erstem Roman, Wien 1948

Im Septemberheft 1946 des «Plan» veröffentlichte Ilse Aichinger ihren «Aufruf zum Mißtrauen», ein Plädoyer gegen den erinnerungslosen Wiederaufbau und blinden Rekonstruktionswillen. Sie hatte als Halbjüdin in Wien überlebt und war in der *hoffnungsvollen Zeit direkt nach dem Krieg* die wichtigste Stimme der kritischen jungen Autoren. Anfang 1948 kam ihr Roman «Die größere Hoffnung» bei Bermann Fischer in Wien heraus[90], das einzige Werk der unmittelbaren österreichischen Nachkriegsliteratur, das über die Grenzen des Landes hinaus und zugleich auf die zeitgenössische Literatur in Wien wirkte, vor allem auf Ingeborg Bachmann. Sowohl im «Mißtrauen» gegen den gesellschaftlich propagierten Optimismus – *Ich kann in keinem Weg mehr einen Weg sehen*[91] – wie in der Verteidigung der «größeren Hoffnung», einer Utopie, die nichts mit billigem Trost und nichts mit dem allgemeinen Gang der Nachkriegsrestauration zu tun hat, ist Bachmann der um wenige Jahre älteren Schriftstellerin literarisch nachgefolgt.

Der Neubeginn einer kritischen, gesellschaftlich eingreifenden Literatur war also im September 1946, als Ingeborg Bachmann nach Wien kam, «noch» nicht verspielt. Aber «schon» ein Jahr später, als sie bereits zum literarischen Kreis um Hans Weigel gehörte und Kontakt zu anderen wichtigen Repräsentanten der Wiener Literaturszene hatte, zu Rudolf Felmayr, Hermann Hakel oder Alexander Lernet-Holenia, begann sich wieder alles zu teilen in neue Frontverläufe. Zu den im Gefolge des Kalten Kriegs aufbrechenden politischen Gegensätzen kam die Währungsreform im Herbst 1947, die den literarischen Verlagen die ökonomische Grundlage entzog und die junge Literatur um Publikumsmöglichkeiten brachte.[92]

«Noch» und «schon», das sind am Beginn der fünfziger Jahre die thematischen Wörter für die kurze, *gestundete Zeit* nach dem Krieg. Es war die Grammatik der damaligen Zeiterfahrung, die Sprache des geschichtlichen Augenblicks, in dem vieles «noch» möglich schien und doch «schon» wieder in die alte Richtung ging.

Glaubt man an das Klischee von der hilflosen, verträumten, vom Alltag überforderten Dichterin Ingeborg Bachmann, dem sie selber gerne Vorschub leistete, muß es überraschen, wie schnell und zielstrebig die junge Philosophiestudentin und angehende Schriftstellerin sich «im verwüsteten, chaotischen, verlogenen Wien» (Hermann Hakel) zurechtfand und in die Zentren der Literaturmacht vordrang. Sie gehörte ab Herbst 1947 zum legendären Kreis um Hans Weigel, der sich im Café Raimund traf[93], wurde von Rudolf Felmayr gefördert, der für die RAVAG[94] arbeitete, und von Hermann Hakel, der im österreichischen P.E.N. für die Jugendförderung zuständig war. Im Frühjahr 1948 erschienen in der ersten Nummer von Hakels «Lynkeus» vier Gedichte von ihr, *Abends frag ich meine Mutter, Wir gehen, die Herzen im Staub, Es könnte viel bedeuten* und *Entfremdung*.[95] Die zwanzigjährige Bachmann hatte neben dem

Schreiben in ihrem Philosophiestudium weiterzukommen, das sie im Frühjahr 1950 mit der Dissertation über die Heidegger-Kritik des sprachkritischen Wiener Kreises pünktlich abschloß. Sie war, in der Zeit eines heute schwer vorstellbaren sozialen Elends, auf die Unterstützung ihrer Eltern angewiesen, die für das Studium der Töchter eine Hypothek aufnahmen, da der Vater wegen seiner früheren NSDAP-Mitgliedschaft noch vom Schuldienst ausgeschlossen war. Im Jahr 1951 verschaffte ihr Hans Weigel ein halbjähriges Stipendium für die Arbeit an ihrem Roman *Stadt ohne Namen.* Das Manuskript wurde aber, trotz der Protektion durch Hans Weigel, Ilse Aichinger und Heimito von Doderer von keinem größeren Verlag angenommen, und die sich bietende Möglichkeit, den Roman mit einigen Veränderungen im unbedeutenden Wiener Herold-Verlag erscheinen zu lassen, lehnte die Autorin zum Ärger Weigels ab.[96] Mindestens so schwierig, wie einen Verlag zu finden, war es damals, eine Wohnung zugeteilt zu bekommen. Sie trat dem «Verband demokratischer Schriftsteller» bei[97], war auf Felmayrs Unterstützung angewiesen, brauchte einige taktische Verlagsbestätigungen samt einer erfundenen Buchveröffentlichung und konnte im Juni 1949 aus der Beatrix-Gasse in eine Wohnung in der Gottfried-Keller-Gasse am Modenapark, ebenfalls im 3. Bezirk, übersiedeln. Nach einer mehrmonatigen Anstellung im Sekretariat der amerikanischen Besatzungsbehörde und nach anderen Gelegenheitsarbeiten ergab sich über Kon-

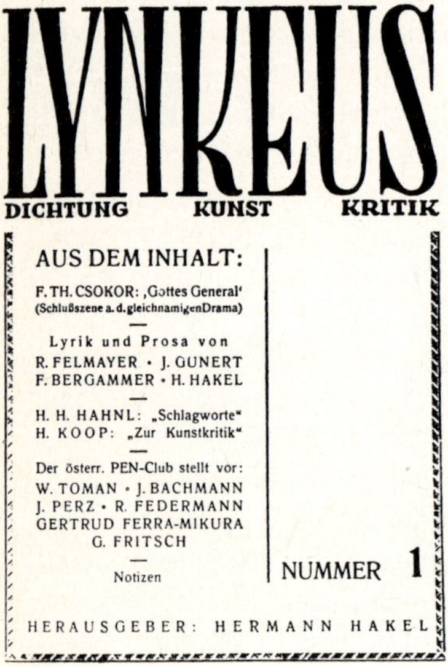

Lynkeus 1 (1949), mit der ersten Gedichtveröffentlichung Ingeborg Bachmanns

takte in Weigels Literatenrunde im Café Raimund im Herbst 1951 die Möglichkeit zur Mitarbeit im Script-Departement des Senders Rot-Weiß-Rot. Die Radiostation, die der amerikanischen Besatzungsbehörde unterstand, war in einer Wohnung in der

Im Büro des Senders Rot-Weiß-Rot, Wien 7, Seidengasse 13

Seidengasse im 7. Wiener Gemeindebezirk untergebracht. Bachmann arbeitete dort zuerst als Script-Writer, dann als Redakteurin [98], eine Tätigkeit, die ihr neben einem passablen Einkommen zu einem Überblick über die zeitgenössische Literatur verhalf und eigene literarische Arbeiten ermöglichte. Sie schrieb an den Dialogen der wöchentlichen «Radiofamilie» mit, übersetzte Thomas Wolfes «Mannerhouse» als Hörspiel (Welturaufführung unter dem Titel *Das Herrschaftshaus* am 4. März 1952) [99], stellte eine Hörspielfassung von Franz Werfels Novelle «Der Tod des Kleinbürgers» her, verfaßte Features über Wittgenstein, über die Wiener logischen Positivisten, über Kafka und Musil. Auch ihr erstes Hörspiel *Ein Geschäft mit Träumen* schrieb sie für den Sender Rot-Weiß-Rot (Erstsendung am 28. Februar 1952). Das Stück ist von Günter Eichs erfolgreichem

Hörspiel «Träume» inspiriert – und doch mit seiner Traum-Inszenierung von Krieg, patriarchalischer Autorität und seiner Undinen-Utopie im letzten Traum bereits ein weit vorausgreifender Bachmann-Text: *[...] ich will kein Haus für uns [...] wir werden ewig jung sein und nie sterben [...] Unser Haus wird auf den Quellen des Lebens stehen, wir werden in allen Geheimnissen seiner wechselnden Mauern wohnen. Und in den Spiegeln des Grundes kann ich deine schöne Gestalt vertausendfältigt sehen.*[100]

Die größte Kunst dürfte in der Unübersichtlichkeit von literarischen Beziehungen, Freundschaften und Liebschaften in Wien darin bestanden haben, sich abzugrenzen und nicht vereinnahmen zu lassen. «Sektionschefin», so nannte Toni Kienlechner einmal die mit ihr befreundete Ingeborg Bachmann, weil sie es meisterhaft beherrschte, die verschiedenen Sphären zu überblicken und streng auseinanderzuhalten. Drei Jahre nach dem Hilferuf an Rudolf Felmayr im Sommer 1946 sprach eine ganz andere Haltung aus ihrem Brief vom 30. Oktober 1949, in welchem sie Felmayrs Einladung zur Mitarbeit an einer Anthologie der jungen österreichischen Literatur ablehnte. Ein Brief, der ihr Talent zur künstlerisch strategischen Inszenierung von Krankheiten und idiosynkratischen Symptomen dokumentiert, das dann in *Malina* zur höchsten literarischen Entfaltung gelangt. *[...] ich kann leider nicht selbst kommen, weil ich endgültig krank geworden bin – ich war es wahrscheinlich schon, wie ich bei ihnen war – und so muss ich Ihnen schreiben, dass ich mich an der Anthologie nicht beteiligen will, auch fällt es mir leichter, das schriftlich zu erklären, weil ich keinen richtigen sachlichen Grund habe; für mich bleibt jedoch Grund genug, und ich bitte Sie, ihn sich vorzustellen: Ich habe eine schwer zu beschreibende Aversion gegen junge Leute, – nicht gegen diese besonderen – und genau so wie es mir unmöglich wäre, mich mit ihnen an einen Tisch zu setzen, kommt es mir unmöglich vor, mit ihnen in einem Buch beisammen zu sein und gemeinsam mit einem Dutzend anderer als ‹junge Dichterin› abgestempelt zu sein.*

Ich danke Ihnen nochmals für Ihre Intervention bei der Ravag und werde sehr gerne auf die Art mit Ihnen zusammenarbeiten.[101]

In den Erinnerungen der großen Herren der österreichischen Nachkriegsliteratur, bei Hans Weigel oder bei Hermann Hakel, schwingt noch Jahrzehnte später die Empörung mit, daß es da jemanden gab, noch dazu eine Frau, die ihnen nicht nur literarisch, sondern auch im strategischen Kalkül überlegen war – und die im richtigen Moment dem Wiener Literaturbetrieb den Rücken kehrte und wegging, um im Ausland ihren literarischen Ruhm zu begründen. Verbittert registrierte Hakel, daß er nicht mehr gebraucht wurde, als Ingeborg Bachmann sich anschickte, ihre eigenen Verbindungen zur Gruppe 47 herzustellen: «Dieses geschäfts- und reklamesüchtige Literaturkonsortium zu erobern war Inges nächstes Ziel.» – «Für Wien brauchte sie mich nicht mehr.» Hakel, dem schärfsten Kritiker ihrer Person, darf man die Worte glauben, die er für ihre Unbedingtheit im Leben und Schreiben gefunden hat: «Sie hatte es sich in den Kopf gesetzt, alles was sie wollte, zu können. Und sie hat ja auch alles erreicht, was sie wirklich wollte, nämlich weltberühmt zu werden und in feiner Gesellschaft zu leben. Dichten hat sie wirklich müssen – und sie hat gedichtet, denken hat sie wirklich müssen – und sie hat gedacht.»[102]

Es gelang Ingeborg Bachmann tatsächlich, nach Ilse Aichinger, der vor Bachmann bekanntesten Vertreterin der österreichischen Nachkriegsliteratur, 1952 als eine der ersten aus Wien zur Gruppe 47 eingeladen zu werden, und es gelang ihr zugleich, Hans Werner Richter davon zu überzeugen, mit ihr Paul Celan einzuladen, einen Dichter, wie sie sich ausgedrückt haben soll, «der sehr arm sei», «unbekannt wie sie selbst», aber «sehr gute Gedichte» schreibe, «bessere als sie selbst».[103] Klaus Briegleb hat die Einladungsszene in Wien, wie sie Hans Werner Richters Erinnerungsbuch wiedergibt, einer engagierten dekonstruktivistischen Lektüre unterzogen.[104] Aber er hat Richters patriarchale Macht doch etwas zu hoch angesetzt – und das strategische Kalkül der ehrgeizigen Dichterin viel zu gering.

Das fortdauernde «innere» Wien

Hans Weigel

Die Verschlingung von privaten und literarischen Beziehungen in der Wiener Literaturszene nach dem Krieg und das widersprüchliche Durcheinander in den Beziehungen zwischen Opfern und Tätern konnte man damals nirgends schärfer sehen lernen als im Literatenkreis um Hans Weigel, der im legendären Café Raimund sein Domizil hatte. Weigel, Theaterkritiker, Essayist, Kabarettist, Romancier und Förderer der jungen Nachkriegsliteratur, eine Instanz, ohne die damals in

Hans Weigel (Bildmitte) in seinem literarischen Zirkel im Café Raimund, Wien I, Museumstraße 6

Österreich nichts zu haben war[105], ist 1945 aus dem Schweizer Exil zurückgekehrt. Seine Eltern waren im amerikanischen Exil geblieben und betraten bewußt nicht mehr österreichischen Boden, was ihn nicht hinderte, gerne den Mythos des harmonischen Miteinanders der, wie es bei ihm euphemistisch heißt, «Weggewesenen» und «immer Dagewesenen» aufrechtzuerhalten. Daß dieses Miteinander, an dem Paul Celan übrigens während seines Wien-Aufenthalts von Dezember 1947 bis Juli 1948 bewußt nicht teilnahm – «Geschwätz und Diskussionen, die mich nicht interessierten, sonst nichts»[106] –, auf fragwürdigen Voraussetzungen beruhte, hat die Verfasserin von *Unter Mördern und Irren* (1961) zum Gegenstand einer scharfsichtigen erzählerischen Analyse gemacht, vielleicht das kritischste geschichtliche Porträt der österreichischen Kultur am Ende der unmittelbaren Nachkriegsjahre. *«Verstehst du»*, fragt dort ein gewisser Friedl, der von den Wortführern eines wöchentlichen Treffens von literarisch und kulturell Interessierten verschiedenster Herkunft zu den Juden gerechnet wird, *«warum wir beisammen sitzen?»* Gemeint ist das wöchentliche Beisammensitzen und Gerede einer kleinen Runde von Schriftstellern und Künstlern, Rundfunk- und Zeitungsleuten, einem Arzt, einem Historiker, heimgekehrten Emigranten und dagebliebenen Mitläufern, ehemaligen Soldaten und ehemaligen Nazis. *«Warum sitzen wir, Herr im Himmmel, beisammen! Besonders Herz verstehe ich nicht. Sie haben seine Frau umgebracht, seine Mutter …»*[107]

Die 1961 im Prosaband *Das dreißigste Jahr* erschienene Erzählung führt in das Innere von Wien. Es ist Nachkriegszeit, trotz der erzählerischen Verschiebung in die späten fünfziger Jahre unverkennbar die Zeit von Ingeborg Bachmanns eigenem Wien-Aufenthalt. *«Nach dem Krieg» – dies ist die Zeitrechnung.*[108] Erzählt werden die Gespräche am Tisch einer Herrenrunde in einem Wiener Kellerlokal. Die Frauen sind abwesend, die Männer machen Geschichte, das heißt Krieg. Einer führt das große Wort, er heißt Haderer, Offizier im Krieg, schon wieder eine mächtige kulturelle Instanz in Österreich – nicht nur das Namensbild, auch die Physiognomie, die an Doderer denken läßt. Ein repräsentativer kultureller Typus: Traditions- und Formbewußtsein, Bewährung im Krieg, Entscheidung für die Demokratie – was als Leistung angesehen wird –, Duldung der Juden – wenn sie sich nicht bemerkbar machen. In einem anderen Saal des Kronenkellers findet ein Frontkämpfertreffen statt, die alten Nazilieder klingen herüber – *«Als wär kein Tag vergangen.»*[109] Die Genauigkeit, mit der in der Erzählung an der Sprache Geschichte lesbar gemacht wird, die Aufmerksamkeit für die Sätze, Wörter, die Nuancen und Gebärden in den Gesprächen, für das Gesagte und Ungesagte, das ist Geschichtsschreibung aus der Perspektive eines hellwachen Sprachbewußtseins – und vor allem aus einem Mißtrauen, wie es trotz der Verklärung des Miteinanders in der jungen Schriftstellergeneration nach dem Krieg vorhanden war. Der Ich-Erzähler ist einer der Uneinverstandenen, er gehört zu den drei anwesenden Juden, deren Position aber unter den Wortführern der Herrenrunde marginalisiert ist. Bezeichnend fast, daß das Gespräch der Opfer, das sich um die Fragwürdigkeit des bloßen Opfer-Standpunkts dreht, im Waschraum der Toilette des Kronenkellers stattfindet, wo Friedl, der zu den Juden gezählt wird, angewidert von dem verlogenen Miteinander sich auskotzt.

Zehn Jahre vor Bachmanns Erzählung *Unter Mördern und Irren* war Hans Weigels Roman über eben diese Zeit nach dem Krieg erschienen, «Unvollendete Symphonie» (1951).[110] Erzählt wird in dem «Zeitroman» als «Schlüsselroman» von einem jüdischen Geschäftsmann, unverkennbar ein Selbstporträt Weigels, der nach Wien wiederkehrt «aus Emigration und Verbannung – mit Augen, die eine schwere Brille panzern, und dem Glück im Gesicht, wieder da zu sein». Die Ich-Erzählerin aber, das «Mädchen, die angehende Malerin aus dem Provinznest, die ihm bei seiner zweiten Menschwerdung hilft», ist niemand anderer – «als die junge Ingeborg Bachmann»[111]. Es interessiert in unserem Zusammenhang weniger die eitle Selbstbespiegelung des Autors im Blick der «angehenden Malerin», sondern die fragwürdige Funktionalisierung der Geliebten zum literarischen Objekt einer männlichen Erzählkonstruktion: eine erste, entscheidende Erfahrung der «jungen Ingeborg Bachmann», zum Objekt männlicher Autorschaft gemacht zu werden.[112] Im Falle von Weigels Roman verschränkt

Hans Weigel, um 1950

sich diese Konstruktion mit der Sehnsucht des jüdischen Autors nach einem österreichisch-jüdischen Miteinander: Er erschafft sich die Frau als Gegenüber, damit sie ihm seine Zugehörigkeit zum Österreich der «Dagebliebenen» bestätigt und andrerseits das in ihm verdrängte Judentum anerkennt: «Ich will genau das von dir», sagt die weibliche Erzählerin in Hans Weigels Roman, «was du selbst in dir verdrängst. Ich will sein wie du.»[113] Ihr, der jungen Frau, wird im Roman das Gedächtnis der Toten anvertraut: «Ich habe so viel von deinen Toten gewußt [...]. Ich habe verstanden, was es für dich bedeutet, sie so mit mir lebendig zu machen, als hättest du dadurch das geschehene Grauenhafte auslöschen und rückgängig machen können.»[114] Bei Weigel wird die Beziehung zwischen dem aus dem Exil heimgekehrten Juden und der angehenden Künstlerin zum Modell «für die Versöhnungs- und Verständigungsmöglichkeiten zwischen den ‹Weggewesenen› und den ‹Dagebliebenen›» – «‹Unsere Beziehung ist über das Persönliche hinaus zum großen Prüfstein und Symbol geworden: daß zwei getrennte Welten zueinander wiederkehren und neu ineinander aufgehen.›»[115]

Wie tief Ingeborg Bachmann von dieser literarischen Konstruktion in Weigels Roman betroffen war und wie ernst sie diese fragwürdige Illusion nahm, in der sie einen literarischen Hauptpart zugewiesen bekommen hatte, zeigt die Auseinandersetzung in ihrem Buch. *Malina*, zwanzig Jahre später erschienen, ist nicht zuletzt eine literarische Antwort auf Weigels «Unvollendete Symphonie». Das fragwürdige Genre, der eindimensionale Schlüsselroman Weigels, wird bei Bachmann von einem vielstimmigen Erzählen abgelöst. Damit korrigiert sie den Roman des einstigen Freunds allein auf der Ebene der künstlerischen Form, während sie sich dialogisch genau auf konkrete Themen, auf bestimmte Sätze und Wörter bezieht. «Der Ort ist Wien. Und die Zeit ist heute. / Wann aber ist heute?» Auf diese erzählerische Reflexion von Ort und Zeit in den ersten Sätzen von Weigels «Unvollendeter Symphonie»[116] geht der Beginn von Bachmanns *Malina* ein: *Zeit Heute / Ort Wien / Nur die Zeitangabe mußte ich mir lange überlegen, denn es ist mir fast unmöglich, ‹heute› zu sagen […].*[117] Mit dem Zeitproblem setzt der «Dissens im Erzählverfahren»[118] ein, in dem es um nicht weniger als um die Frage nach Zeit und Ort der Erinnerung nach Auschwitz geht. Gegen das «Erzählprogramm einer alles bergenden Erinnerung», das Weigel seiner jungen Erzählerin in den Mund gelegt hatte – «Man ist seine Vergangenheit und man hat sie. Aufbewahrt, geborgen und gerettet, ist in ihr alles unvergänglich geworden, was jemals in die Zeit getreten ist»[119] –, setzt Bachmann am Beginn des Traumkapitels in *Malina* die Korrektur des ihr seinerzeit von Weigel zugewiesenen Erinnerungsorts: *Der Ort ist diesmal nicht Wien. […] Die Zeit ist nicht heute. […] und es gibt kein Maß für die Unzeiten, in die, was niemals in der Zeit war, hineinspielt.*[120] «Die maßlosen Unzeiten, an die es sich zu erinnern gilt», so Elke Brüns in ihrer beeindruckenden Studie zu den beiden Romanen, «können nicht geborgen und nicht gerettet werden, und sie hinterlassen ein nicht mehr zu bergendes und nicht mehr zu rettendes schreibendes Subjekt.»[121]

Wie wichtig und folgenreich Bachmanns Begegnung mit dem Remigranten Hans Weigel war, belegen auch die Fragmente des früheren *Todesarten*-Romans *Requiem für Fanny Goldmann.* Schon vor *Malina* hatte die Autorin in den Goldmann-Fragmenten – *Goldmann war aus Wien und über Kalifornien wieder nach Wien gekommen*[122] – das geschichtlich Exemplarische einer scheiternden «österreichisch-jüdischen Symbiose» nach 1945 literarisch dazustellen versucht. Sie, «Nachkomme aus der Tätergeneration», schreibt Irene Heidelberger-Leonard in ihrem Essay «Ernst Goldmann-Geschichten und Geschichte», habe die «schmerzlichen, vom Juden Weigel verschwiegenen Erinnerungen» nachgeliefert. In der Textgenese dieses *Todesarten*-Romans «wird nämlich aus dem blinden Harry Goldmann ein sehr scharf sehender Ernst Goldmann, dem die Augen über den ‹Ernst› der Lage aufgegangen sind».[123]

Wenn Weigel später in seinen Erinnerungen an Ingeborg Bachmann – «In Memoriam» (1979) – die literarische Dimension ihrer Beziehung tilgte[124], auf ihren Roman *Malina* gar nicht mehr einging und zuletzt, 1992, seine «Unvollendete Symphonie» für die Öffentlichkeit als Bachmann-Roman entschlüsselte, gab er letztlich den Zusammenhang von Privatem und Geschichtlichem preis, um den es Ingeborg Bachmann zu tun war. So verriet er Bachmanns Wiener Zeit an den Kaffeehaustratsch, während Wien für Bachmann zum Ort einer Geschichtsschreibung wurde, die im Privaten der Nachkriegszeit die gesellschaftlichen *Todesarten* aufzudecken imstande war.

Und doch, es soll nicht geschieden sein, sagt Bachmanns Undine, ohne den Männern mit dem Namen Hans *noch einmal Gutes nach[zu]sagen*[125]. So wie der Remigrant Hans Weigel dürfte niemand von den Orten und Plätzen Wiens gesprochen haben. In Bachmanns späterem Heimweh nach Wien schwingt etwas von der Liebe zu der Stadt mit, wie sie in Weigels Roman «Unvollendete Symphonie» an vielen Stellen zum Ausdruck kommt, eine Sehnsucht nach den Orten und Räumen der Kindheit, die der aus Wien Vertriebene «bis zur Verrücktheit» erfahren hatte. In den Orten und Namen der Stadt, in den Wien-Topographien ihrer Erzählungen und Romane, im *Ungargassenland* in *Malina* oder in den hymnischen Wien-Partien in *Das dreißigste Jahr* ist diese Sehnsucht der Exil-Generation in einer Sprache aufgehoben, von deren «österreichische[r] Magie» sich auch andere Emigranten «verwandtschaftlich» angesprochen fühlten.[126] «Ich sehe die Stadt nun völlig mit deinen Augen», sagt «die junge Ingeborg Bachmann» in Weigels Roman zum zurückgekehrten Emigranten alias Hans Weigel, für den das ferne Wien «der Inbegriff aller Seligkeit» geworden war und der mit ihr die Rückkehr an die «Orte der Kindheit» feierte.[127]

Es gibt ein kleines Textfragment, mit *12. August 1962* datiert, Typoskript 1463 im Nachlaß Ingeborg Bachmanns, das diese Sehnsucht zum Gegenstand hat und bis in sprachliche Details an Weigels «Unvollendete Symphonie» denken läßt[128], an das über alle Begriffe gehende Heimweh eines aus Wien vertriebenen Juden, dem die Autorin ihre Stimme leihen konnte: *Ueber dem Stadtplan von Wien liegen, wie ein Ertrinkender, ein Sehnsüchtiger, der nicht mehr weiss, wohin die Sehnsucht geht. Die Namen vor allem sind es, das Röntgenbild der Stadt, die mich verrückt machen vor Sehnsucht. Ich möchte wissen wie Neustift aussieht und Alt Laa, wie jeder Bezirk aussieht, wie er riecht, das möchte ich wissen, und zugleich weiß ich nicht, wie ich dort je wieder sein könnte. Aber die Namen, die Namen, es gibt keine Namen, die so auf mich wirken. Daneben hält nur noch Eleusis stand und Olympia.*

«Er war mein Leben. Ich habe ihn mehr geliebt als mein Leben»

Paul Celan

Im Wien der Nachkriegszeit begann jene andere, entscheidende Beziehung, ohne die Ingeborg Bachmanns Leben und Werk schwer denkbar sind. Am 16. Mai 1948 lernte sie Paul Celan in der Wohnung des surrealistischen Malers und «Plan»-Redakteurs Edgar Jené kennen.[129] In den nächsten Tagen sei ihr Zimmer *voll mit Mohnblumen* gewesen, schrieb sie an ihre Eltern. Celan war im Dezember 1947 nach einer strapaziösen Reise aus Bukarest nach Wien gekommen. Mit fast nichts außer seinen Gedichten und einer Empfehlung von Alfred Margul-Sperber für Otto Basil, den Herausgeber des «Plan», kam der damals Siebenundzwanzigjährige in Wien an. Seine Eltern waren von den Nazis ermordet worden, er selber hatte in einem Arbeitslager überlebt. Wien, das hieß für den kurz nach dem Untergang der Habsburger-Monarchie in Czernowitz Geborenen auch nach dem Zweiten Weltkrieg noch das «Erreichbare, fern genug, das zu Erreichende»[130]. In Bukarest, wohin sich Celan nach dem Kriegsende gewandt hatte, waren von ihm Gedichte in rumänischer Sprache erschienen, darunter «Tangoul morţii», die «Todesfuge», das Gedicht, das in der deutschsprachigen Literatur nach 1945 am berühmtesten werden sollte. In Wien hielt er sich am Rande der bekannten literarischen Zirkel auf, Kontakt hatte er zu Otto Basil, der mehrere Gedichte Celans in der Zeitschrift «Plan» (1948, Nummer 6) herausbrachte[131], zu Milo Dor und vor allem zu Edgar Jené. Für einen Band mit Lithographien Jenés verfaßte Celan damals einen seiner wichtigsten poetologischen Texte – «Edgar Jené und der Traum vom Traume»[132]. In Wien erschien auch Celans erster Gedichtband, «Der Sand aus den Urnen»[133]. Das Erscheinen dieses Bands hat er von Paris

Paul Celan in Wien, Frühjahr 1948

aus verfolgt, denn im Juli 1948, nach einem halbjährigen Aufenthalt, verließ er Wien, um sich in Paris, das ihm aus seiner Studienzeit bekannt war, niederzulassen. Der Lyrikband war von Druckfehlern so entstellt, daß Celan unmittelbar nach dem Erscheinen den weiteren Vertrieb der Ausgabe einstellen ließ. Etwa die Hälfte der Gedichte von «Der Sand aus den Urnen» brachte Celan noch einmal in seinem Lyrikband «Mohn und Gedächtnis» (1952) bei der Deutschen Verlags-Anstalt heraus.

Die beiden ersten Lyrikbände Celans sind für die Biographie und Werkgeschichte Ingeborg Bachmanns deshalb so wichtig, weil annähernd zwanzig seiner in Wien und in Paris entstandenen Gedichte sich mit ihrem «Du» an Ingeborg

Bachmann wenden. Im Deutschen Literaturarchiv in Marbach ist der Band von «Mohn und Gedächtnis» aufbewahrt, in dem Celan mit handschriftlichen Eintragungen die an Ingeborg Bachmann gerichteten Gedichte bezeichnet hat.[134] Mit diesen Gedichten, fast alle waren bereits 1948 in «Der Sand aus den Urnen» erschienen, setzte das literarische Gespräch zwischen Celan und Bachmann ein, das Ingeborg Bachmann in *Malina* über den Tod Celans hinaus fortführen wird: *Mein Leben ist zu Ende, denn er ist auf dem Transport im Fluß ertrunken, er war mein Leben. Ich habe ihn mehr geliebt als mein Leben.*[135] Den kurzen Satz *er ist auf dem Transport im Fluß ertrunken,* hat Wolfgang Emmerich als «einen der großen Sätze der deutschen Literatur seit 1945» bezeichnet. «Ein von den Schrecken der Epoche gezeichnetes Menschenleben wird in einem einzigen kurzen lakonischen Satz zusammengefaßt.»[136]

Persönliche Erfahrung und historische Einsicht durchdringen einander in dem zwanzig Jahre währenden Gespräch zwischen den beiden größten Lyrikern der Literatur nach 1945, ein Dialog von zwei Liebenden, erhalten in den sprachlichen Chiffren, Erinnerungszeichen und geheimen Losungsworten ihrer Texte – «der Garten in Wien», «der Stadtpark», «die Paulownia», der «Schatten», das «Fenster», «die Augensterne», «das Ringelspiel», Orte und Dinge, die Bachmann noch einmal nach Celans Tod im Traumkapitel von *Malina* beschworen hat – *er sagt: Sei ganz ruhig, denk an den Stadtpark, denk an das Blatt, denk an den Garten in Wien, an unseren Baum, die Paulownia blüht. Sofort bin ich ruhig, denn uns beiden ist es gleich ergangen*[137].

Im literarischen Dialog mit Paul Celan hat Ingeborg Bachmann zu ihrer Dichtersprache gefunden. Damit ist nicht der offensichtliche Celan-Anklang mancher Sprachbilder oder rhythmischer Figuren gemeint, nicht etwas Abgeschautes wie die surrealistischen Genitiv-Metaphern *Saite des Schweigens, Schattenhaar der Nacht, der Finsternis schwarze Flocken*[138], sondern die tiefgreifende Verwandlung ihres Denkens und Schreibens durch die Begegnung mit dem Dichter, der vom Eingedenken an das Geschehene, die Judenvernichtung, nicht loskam. «Geschehenes», schrieb Celan 1948 in seinem Jené-Essay, «war mehr als ein mehr oder minder schwer entfernbares Attribut des Eigentlichen, sondern ein dieses Eigentliche in seinem Wesen Veränderndes, ein starker Wegbereiter unausgesetzter Verwandlung.»[139]

Auf dieses Geschehene und den Weg «unausgesetzter Verwandlung» ließ sich Ingeborg Bachmann in ihrer Beziehung zu Celan ein, in ihrem Leben wie in der Literatur. Der *dunkle Schatten*, Ende 1945 bei ihr noch ein Bild für das einsame Dichter-Ich im Banne der Kunst, verwandelt sich nun in die dunkle Wolke, die über der Trümmerlandschaft von Nachkriegsdeutschland steht, und der schüttere Regen wird zum Bild eines Sprechens, das die lastende Vergangenheit der gesellschaftlichen Kommunikation zugänglich macht: *Wo Deutschlands Erde den Himmel schwärzt, / sucht die Wolke nach Worten und füllt den Krater mit Schweigen, / eh sie der Sommer im schütteren Regen vernimmt. // Das Unsägliche geht, leise gesagt, übers Land: schon ist Mittag.* (*Früher Mittag*, 1953)[140] In Bachmanns Gedicht *Exil* aus der zweiten Hälfte der fünfziger Jahre hat sich das Dichter-Ich ganz in diesen dunklen Wolkenschatten zurückgezogen. Das traditionelle Motiv des exilierten Dichters ist nun zum Bild vom Exil des Dichters im Post-Holocaust geworden: *Ein Toter bin ich der wandelt […] Ich mit der deutschen Sprache / dieser Wolke um mich / die ich halte als Haus […] O wie sie sich verfinstert / die dunklen die Regentöne / nur die wenigen fallen* (*Exil*, 1957).[141] Ein letztes Mal wird dieses lebens- und werkgeschichtliche Motiv der Exilierung in der letzten Erzählung Ingeborg Bachmanns, *Drei Wege zum See* (1972), in der Begegnung von Trotta und Elisabeth Matrei aufgenommen. Er, der exilierte Trotta – Celan hatte sich selber oft als «Kakanier» bezeichnet –, *ein wirklich Exilierter und Verlorener*, hatte sie, Elisabeth Matrei aus Klagenfurt, *zum Bewußtsein vieler Dinge* gebracht, *seiner Herkunft wegen*, und *sie, eine Abenteurerin […] in eine Exilierte* verwandelt. Er hatte sie *gezeichnet*[142] – ein Wort, das einen zentralen Stellenwert in Ingeborg Bachmanns poetologischem Denken einnimmt und das mit Celans Vorstellung der historischen Einschreibung korrespondiert («daß jedem Gedicht sein ‹20. Jänner› eingeschrieben bleibt»[143]).

«Das tote Ringelspiel, kling. / Wir / drehten uns weiter.» (Paul Celan) Das Riesenrad im Wiener Prater und die Reste von Hochschaubahn und Aeroplankarussell nach dem Ende des Zweiten Weltkriegs

Auch wenn der persönliche Briefwechsel zwischen Ingeborg Bachmann und Paul Celan nicht zugänglich ist – 86 Briefe Bachmanns an Celan, von 1949 bis 1962, liegen gesperrt im Deutschen Literaturarchiv in Marbach, die Briefe Celans liegen versiegelt im Bachmann-Nachlaß in der Handschriftenabteilung der Österreichischen Nationalbibliothek in Wien [144] –, läßt sich am literarischen Werk Bachmanns die kaum überschätzbare Bedeutung dieser Beziehung ablesen. Zu Recht ist schon mehrmals in der Bachmann-Forschung auf den *Malina*-Text als Gedächtnisraum für die Begegnung mit Paul Celan aufmerksam gemacht worden. Helmut Böttiger hat zuletzt mit großer Empathie einige Passagen aus der Legende *Die Geheimnisse der Prinzessin von Kagran* in *Malina* – der Fremde legt *ihr die Blume wie einer Toten auf die Brust* – als «Initiationsszene» zu einem neuen Dichtungsverständnis gelesen. Bachmann habe sich durch die Begegnung mit Celan – *der Fremde* in der Legende der Prinzessin von Kagran – «berufen» gefühlt, «‹Lyrik nach

Auschwitz› zu schreiben»[145]. Böttiger erklärt das an der Schlußpassage der Legende, in der sich fast jedes Sprachbild auf Gedichte Paul Celans bezieht. *Die Prinzessin schwang sich auf ihren Rappen, sie ertrug die Wolken nicht mehr, denn der Fremde entwarf schweigsam seinen und ihren ersten Tod. Er sang ihr nichts mehr zum Abschied, und sie ritt ihrem Land mit den blauen Hügeln entgegen, das in der Ferne auftauchte, in einer fürchterlichen Stille, denn er hatte ihr den ersten Dorn schon ins Herz getrieben, und inmitten ihrer Getreuen im Burghof fiel sie blutend von ihrem Rappen. Sie lächelte aber und lallte im Fieber: Ich weiß ja, ich weiß!*[146] Schon vorher waren im Legenden-Text diese Sätze des Fremden aufgetaucht, als er sagte: *Geduld, hab Geduld, denn du weißt ja, du weißt. Über Nacht hatte die Prinzessin das zweite Gesicht bekommen […].*[147] Einige dieser Zitate stammen fast wörtlich aus Celans Gedicht «Stille!», das mit den Versen beginnt: «Stille! Ich treibe den Dorn in dein Herz, / denn die Rose, die Rose / steht mit den Schatten im Spiegel, sie blutet! Sie blutete schon […], weil ein Glas, das vom Tische sprang, erklirrte / es läutete ein eine Nacht, die finsterte länger als wir. / Stille! Der Dorn dringt dir tiefer ins Herz: er steht im Bund mit der Rose.»[148] Die alten poetischen Bilder für die Liebe und die Kunst – «Rose», «Dorn» und «Spiegel» – treten bei Celan durch das Bild des «Schattens» in eine neue, vom Schmerz bestimmte Konstellation, «weil» eine Assoziation, das Erklirren eines Glases, eine längere, geschichtliche Nacht in Erinnerung ruft «eine Nacht, die finsterte länger als wir». Diese Finsternis – man wird an die «Kristallnacht» als Beginn des Holocaust denken – überschattet uneinholbar die Liebesbeziehung. Der Schlußvers, das Bild des ins Herz dringenden Dorns, der «im Bund mit der Rose» steht, das ist unsentimentale «Verwandlung» der lyrischen Bildtradition – denkt man nur an Goethes Gedicht «Das Heidenröslein» oder Rilkes «Oh Rose!» – und Chiffre für das Schicksal einer konkreten Liebe im Schatten des «Geschehenen».

Und doch hat Bachmann sich nicht mit dieser so zwingenden dichterischen und historischen Logik abfinden können. *Schatten Rosen Schatten* (1956) heißt eine Antwort auf Celans Gedicht «Stille!»:

Unter einem fremden Himmel
Schatten Rosen
Schatten
auf einer fremden Erde
zwischen Rosen und Schatten
in einem fremden Wasser
mein Schatten[149]

Die letzte Verszeile, *mein Schatten*, ruft im Gedicht die konkrete Person in Erinnerung, die mit ihrem Schatten allein zurückgeblieben ist. Das Gedicht weiß um die Verlassenheit eines Ich, das sich nicht mit Celans lückenloser poetischer Chiffrierung der «Rosen und Schatten» abfinden kann, es weiß um den Schmerz eines konkreten Ich, das an diesem Wissen zugrunde geht. Wenn Celan persönliche Geschichte in Literatur nach Auschwitz verwandelt, so verteidigt Bachmann das eine und das andere, die Literatur und die Liebe. Ihr Gedicht, bemerkt Helmut Böttiger, «personalisiert die lyrische Chiffre, die vorliegt, es überführt das literarische Zwiegespräch in eine Situation, die biographisch» wird. Die «auf die Dichtung gerichtete» Problematik Celans «erscheint bei Bachmann viel stärker im besonderen Licht der Liebesdichtung».[150]

Der ins Herz schneidende Satz der Prinzessin von Kagran – *Ich weiß ja, ich weiß!* – stellt eine Replik auf Celans Vers «Es ist Zeit, daß man weiß!» in «Corona» dar, ein anderes Gedicht aus der Reihe der Ingeborg Bachmann zugeeigneten Gedichte in «Mohn und Gedächtnis». Die Trauer in jenem *Ich weiß ja, ich weiß* impliziert mit dem Wissen um die Tragik der gescheiterten Liebe auch die Einsicht in das in ihrem und Celans Fall ausweglose Drama von Kunst und Leben nach dem Holocaust.

Bachmanns erste größere Auslandsreise, nach dem Abschluß ihres Philosophie-Studiums, von Oktober 1950 bis Februar 1951, führte sie zu ihm nach Paris. Sie war bereit, mit ihm zu leben. Damals erkannte sie die Aussichtslosigkeit eines gemeinsamen Lebens, sah etwas Schwerwiegendes zwischen ihnen stehen, etwas, das bewirkte, daß sie einander, wie Ingeborg Bachmann aus Paris in einem Brief an Hans Weigel schrieb, *aus unbekannten, dämonischen Gründen [...] die Luft zum Atmen wegnehmen.*[151] Eine der letzten persönlichen Begegnungen fand Ende Mai 1960 in Zürich statt. Damals waren auch Nelly Sachs dabei, mit der Bachmann zum erstenmal zusammentraf, und Max Frisch, mit dem Ingeborg Bachmann seit Herbst 1958 zusammenlebte. Als Paul Celan in einem Brief an Frisch sich auf dieses gemeinsame Treffen bezog (Brief vom 29. Mai 1960), war wieder von etwas «Dämonischem» die Rede, das «nicht ins Wort» wollte, «sich nicht greifen» ließ: «Ich glaube wirklich, daß es etwas gibt, das hier mitspielt, uns allen – so oder so – mitspielt; ich meine dabei das, was ich im Gespräch mit Ihnen ‹objektive Dämonie› nannte – ohne es durch diese Beziehung wirklich benannt zu haben. ‹Zufall› wäre vielleicht ein anderes Hilfswort dafür, in dem Sinne etwa, daß es das Zugefallene und Zufallende ist. [...] Mit all dem haben wir wohl Berührung, wenn wir schreiben.»[152]

Auch wenn wir miteinander leben, hätte Ingeborg Bachmann ergänzen können.

Zufall, ein anderes Wort, das sie in ihrem literarischen Dialog mit Paul Celan aufnehmen wird.[153]

Dr. phil. Ingeborg Bachmann

Aus der Zeit der Begegnung mit Paul Celan in Wien datieren bei Bachmann die ersten Spuren eines Bruchs mit dem Kontinuum philosophischen Denkens. Zeitlich parallel zu Celans Jené-Rede über das «Geschehene», das sich nicht mit dem «Königswasser des Verstandes» wegwaschen lasse[154], beginnt sie, den unkritischen Anschluß an die Königswege der philosophischen Tradition zu bezweifeln. Holger Gehle hat die Urszene dieser Verunsicherung an einer unscheinbaren Stelle in den Seminarnotizen der Philosophiestudentin aus dem Jahr 1948 entdeckt.[155] Gegenstand der Exzerpte war ein 1946 erschienenes Buch von Alfred Weber, einem jüngeren Bruder des Sozialphilosophen Max Weber, mit dem Titel «Abschied von der Geschichte. Überwindung des Nihilismus». Webers Buch interessiert in unserem Zusammenhang nur soweit, als der Verfasser in geistesgeschichtlicher Tradition dem Nihilismus, für ihn die «tiefere Ursache» des Nationalsozialismus, durch ein forciertes «Wiederanknüpfen» an humane Geistestraditionen begegnen will. Das schon vor Ende des Zweiten Weltkriegs in der Schweiz geschriebene Buch leitete Weber im Juni 1945 mit einem «Nachtrag» ein, in dem er sich auf die «Nachkriegsenthüllungen» bezog, welche die «grauenhaften Ausmaße des Geschehens» in den Vernichtungslagern aufdeckten. Für ihn sei dadurch die «Tiefe des Abgrunds» und die Notwendigkeit der «Wiederanknüpfung» nur noch «offenbarer» geworden.

Die Philosophiestudentin Ingeborg Bachmann exzerpiert diese Postulate – und gibt plötzlich einer Frage eine andere Richtung: *Ist aber die Wiederanknüpfung an frühere Zeiten über einen tiefen nihilistischen Abgrund gestattet?* Mit «dieser winzigen Verschiebung, der wohl einzigen dieser Art im Referat einer fast überkorrekten Schülerin», öffne sich, so Gehle, für einen Moment der Raum jenes durch Auschwitz «von der Tradition abgetrennten Denkens und Schreibens».[156] Die philosophische Anziehungskraft, die wenig später Wittgensteins Begriff der Grenze der Sprache auf das philosophische und poetologische Denken Bachmanns ausüben wird, hat mit dieser Verunsicherung gegenüber «der positiven Bestimmung der Philosophie» [157] angesichts der Grenzen des Geistes zu tun.

Ingeborg Bachmanns Dissertation *Die kritische Aufnahme der Existentialphilosophie Martin Heideggers* (1949) mündete in ein die Schulphilosophie irritierendes Bekenntnis zu den abgründigen Erfahrungen der Kunst und der Literatur. In den letz-

Goyas «Kronos verschlingt seine Kinder», für Ingeborg Bachmann, von der Dissertation bis zur Traumszene in «Der Fall Franza» exemplarischer künstlerischer Ausdruck des Grauens und der Vernichtung

ten Sätzen wird so eine ganz andere kritische Position gegenüber der Existentialphilosophie – und unausgesprochen auch der neopositivistischen Sprachphilosophie – anvisiert. Nachdem die Doktorandin mit schulischer Akribie die metaphysikkritischen Argumente vor allem Rudolf Carnaps referiert hat, wechselt sie in der Schlußpassage mit einem leidenschaftlichen Bekenntnis zum «anderen» Erfahrungsmodus der Kunst in die Rolle der Dichterin hinüber: *Wer dem «nichtenden Nichts» begegnen will, wird erschüttert aus Goyas Bild «Kronos verschlingt seine Kinder» die Gewalt des Grauens und der mythischen Vernichtung erfahren, und als sprachliches Zeugnis äußerster Darstellungsmöglichkeiten des «Unsagbaren» Baudelaires Sonett «Le gouffre» empfinden können, in dem sich die Auseinandersetzung des modernen Menschen mit der «Angst» und dem «Nichts» verrät.*[158]

Auf der letzten Seite der Dissertation bekennt sich die Dichterin gegen die Philosophie-Doktorandin der vorangegangenen 120 Seiten, das heißt gegen das schulmäßige Referat der Heideggerschen Existentialphilosophie und gegen den schulmäßig abgehandelten logischen Empirismus des Neopositivismus, zu den begrifflich nicht zurechtgestutzten traumatischen Erfahrungen in Kunst und Literatur. Diesem Bekenntnis zur *Erfahrung* als der *einzige[n] Lehrmeisterin* wird sie zeitlebens in ihrer Poetik folgen, im Wahrheitsanspruch, den sie in der Kriegsblinden-Rede aus den leidvollen Erfahrungen des Kriegs ableitet (*Die Wahrheit ist dem Menschen zumutbar*, 1959), in der Poetik der Erfahrung in den *Frankfurter Vorlesungen*[159], oder in der entschiedenen Aussage im Interview mit Karol Sauerland in Polen, Mai 1973: *Und wenn man überhaupt fragt, welche Aufgaben ein Schriftsteller hat – das sind meistens sehr rhetorische Fragen –, dann würde ich immer sagen, die Menschen dorthin zu bringen oder mitzureißen, in die Erfahrungen, die die Schriftsteller machen.*[160] Bei Bachmann haben diese Erfahrungen, die am Schluß der Dissertation mit einem Bild Goyas und Baudelaires Gedicht «Le gouffre» angesprochen werden, den Charakter geschichtlicher Traumata. Was hier, im philosophischen Kontext, eher unvermittelt auftaucht, stellt in ihrem literarischen Werk einen zentralen Ausdrucksbereich dar. An einer Stelle des Romans *Der Fall Franza* kommt die Erzählerin sogar direkt auf die Dissertation zurück, wenn sie den Ausdruck historischer und lebensgeschichtlicher Traumatisierung polemisch gegen die begriffliche Fixierung und Systematisierung der Existentialphilosophie wendet: *Ich rede über die Angst. Schlagt alle Bücher zu, das Abrakadabra der Philosophen, dieser Angstsatyrn, die die Metaphysik bemühen und nicht wissen, was die Angst ist. Die Angst ist kein Geheimnis, kein Terminus, kein Existential, nichts Höheres, kein Begriff, Gott bewahre, nicht systematisierbar. Die Angst ist nicht disputierbar, sie ist der Überfall, sie ist der Terror, der massive Angriff auf das Leben.*[161]

Ingeborg Bachmann bestand auch deshalb auf der Distanz zu Heidegger, weil sie von der politischen Korruption des Philosophen nicht absehen konnte. Ebenso wie Celan hatte sie es abgelehnt, für die Heidegger-Festschrift anläßlich seines siebzigsten Geburtstags im Jahr 1959 ein Gedicht beizusteuern, *wir haben beide nein gesagt. Denn ich kenne die Rektoratsrede von Heidegger, und selbst wenn es diese Rektoratsrede nicht gäbe, so wäre da noch immer etwas, es liegt eine Verführung eben wieder zum deutschen Irrationaldenken vor.*[162]

Indem sich Bachmann am Beginn der fünfziger Jahre der sprachkritischen Philosophie Wittgensteins und den sprachkritischen literarischen Texten der Jahrhundertwende zuwandte, schloß sie an die Wiener Moderne an, dachte aber deren philosophische und literarische Konzeptionen unter den veränderten historischen Bedingungen nach 1945 weiter. Die erhaltenen Dokumente ihres Philosophiestudiums zeigen, daß die Hinwendung zur sprachphilosophischen Tradition des Wiener Kreises zunächst eher durch Zufälle bedingt war. Denn ihr erstes Dissertationsthema über den «Typus des Heiligen» wurde durch die christliche Existentialphilosophie ihres Lehrers Alois Dempf bestimmt. Als Dempf im Wintersemester 1948/49 einen Ruf an die Universität München erhielt, wechselte Ingeborg Bachmann zu Viktor Kraft über, einem *der letzten alten Männer dieses «Wiener Kreises»*[163]. Unverkennbar blieb in der Schlußwendung der neu gewählten metaphysikkritischen Dissertation der existenzphilosophische Hintergrund ihres Denkens erhalten, die Faszination an Grenzerfahrungen, die ihr weiteres poetologisches Denken bestimmen wird.

Auch das in den Studienunterlagen dokumentierte Interesse für psychologische Fragestellungen wird später in ihrem Schreiben erhalten bleiben. Ihre Verteidigung des Schmerzes als Voraussetzung der Wahrheit könnte von den Lehrveranstaltungen Viktor E. Frankls beeinflußt worden sein. «Homo patiens» (Wien 1950) nannte Frankl eine Zusammenfassung seiner Vorlesungen, eine existentialphilosophische «Pathodizee», der es nicht darum geht, den «Menschen aus seiner Krankheit herauszuführen; worum es sich handelt, ist vielmehr, ihn zu seiner Wahrheit zu führen»[164]. Frankl spricht vom Recht des Menschen, «seinen eigenen Schmerz zu leiden. Voraussetzung ist nur, daß es auch wirklich ‹sein› Schmerz ist, daß es sich um das existentiell sinnvolle Durchleiden schicksalhaft notwendiger Leiden handelt»[165]. Es ist also bei ihm von jenem Schmerz die Rede, der uns – um die weniger verfänglichen und prägnanteren Worte seiner Schülerin zu verwenden – *erst für die Erfahrung empfindlich [macht] und insbesondere für die der Wahrheit*[166].

Der große Stellenwert des philosophischen Denkens in Ingeborg Bachmanns frühem Œuvre ist uns heute kaum mehr gegenwärtig, auch nicht, daß sie in den fünfziger Jahren als Dichterin, Essayistin und Philosophin in der literarischen Öffentlichkeit präsent war. Bedeutende westdeutsche Kulturzeitschriften brachten damals ihre Essays zu philosophischen und ästhetischen Themen, in den «Frankfurter Heften» erschien 1953 ihr Wittgenstein-Essay *Ludwig Wittgenstein. Zu einem Kapitel der jüngsten Philosophiegeschichte*, in der ersten Nummer der Zeitschrift «Akzente» (1954) der Essay zu Musils «Der Mann ohne Eigenschaften», *Ins Tausendjährige Reich*, die Zeitschrift «Merkur» bemühte sich bei ihr um einen größeren philosophischen Beitrag zu Wittgenstein, der Suhrkamp Verlag später, am Ende der fünfziger Jahre, um ihren Kommentar zur Edition des «Tractatus logico-philosophicus». Sie war es, die die Publikation des «Tractatus» im Suhrkamp Verlag angeregt hatte[167], und sie gehörte zu den ersten, die auf die philosophische Bedeutung Ludwig Wittgensteins aufmerksam machten und seine Sprachphilosophie im Zeichen der Probleme zeitgenössischer Dichtung weiterdachten. Als sie sich im Februar 1951 in London aufhielt, war der in Cambridge lebende Wittgenstein bereits so schwer erkrankt, daß es zu keiner persönlichen Bekanntschaft mehr kommen konnte. Ludwig Wittgenstein starb am 29. April 1951.

Die Aufsätze zu Wittgenstein und Musil vom Beginn der fünfziger Jahre dokumentieren Bachmanns originäre Aktualisierung der philosophischen und literarischen Tradition Österreichs, und sie sind zugleich erste Selbstentwürfe der Schriftstellerin. In einem Radio-Gespräch stellt sie als Rundfunkredakteurin des Wiener Senders Rot-Weiß-Rot Robert Musils Werk vor und gibt dabei indirekt eine umfassende Darstellung ihrer eigenen dichterischen Intentionen. Sie betont bei Musil den Mut zur eigenen Erfahrung – und beginnt sich selber in der Tradition der österreichischen Moderne zu verstehen, wenn sie die *Schärfe des Sehens, die im Wiener Klima manchmal gediehen ist*, hervorhebt, von der *Neigung zur tödlichen Kritik und Selbstkritik* spricht und auf die österreichische Traditionslinie der *Metaphysikfeindlichkeit*[168] und des analytischen Denkens aufmerksam macht. Ulrich, der Held des Romans «Der Mann ohne Eigenschaften», stehe *unter einer doppelten Kontrolle: der seines disziplinierten Denkens und der seiner Sensibilität in den Dingen des Gefühls*[169]. Damit spricht sie die Grundkonstellation an, die sie

1. SPRECHER Erinnern wir uns aber wieder der These Wittgensteins, daß die logische Form selbst, mit deren Hilfe wir die Sachverhalte der Welt beschreiben können, nicht zu den Sachverhalten der Welt gehört, daß mit ihrer Hilfe etwas zwar sinnvoll gesagt werden kann, sie aber die Grenze des Sagbaren ist und mit der Grenze der Welt zusammenfällt –
2. SPRECHER – nicht aber mit der Grenze der Wirklichkeit überhaupt.
1. SPRECHER Und «Grenze meiner Welt» bedeutet «Grenze meiner Sprache». Denn wir reichen nur soweit, soweit unsere Sprache reicht, mit der wir richtig darstellen und abbilden, wie die Welt ist.

(Sagbares und Unsagbares – Die Philosophie Ludwig Wittgensteins. 1953 geschrieben, einziges bekanntes Sendedatum: BR München, 16. September, vgl. Werke, Bd. IV, S. 109 f.)

im Geschwistermotiv von Musils Gedicht «Isis und Osiris» findet, in der Romangestalt der Clarisse, diesem Doppelwesen aus Mann und Frau, oder in Ulrichs Experiment mit seiner Schwester Agathe, die er als *schattenhafte Verdoppelung seiner selbst* erlebt.[170] In Bachmanns Aufmerksamkeit für diese Doppelfiguren und schattenhaften Verdoppelungen seiner selbst könnte man die imaginative Vorwegnahme der Geschwisterkonstellation von Martin und Franza in ihrem Roman *Der Fall Franza* erblicken, umso mehr, als sie ja Verse aus Musils «Isis und Osiris» als thematisches Motiv in ihren Roman einbaut. Auch die Grundkonstellation des *Malina*-Romans mit dem *Doppelwesen aus Mann und Frau*, das in vielen anderen Bachmann-Texten von *Die gestundete Zeit* an die verborgene Grundstruktur abgibt, ist hier theoretisch vorweggenommen. Bachmanns Faszination für die Bedeutung der *Konstruktion* in Musils Roman[171] läßt an den hohen Stellenwert denken, den das konstruktive Prinzip in ihren eigenen Texten einnimmt, so daß sie sich manchmal wie Experimentieranordnungen ausnehmen, wie *kühn[e] geschichtsphilosophisch[e] Versuch[e], [die] sich in die schöne Literatur verirrt* haben[172]. Das hier zu Musils Roman Gesagte könnte genauso für das sprach- und kultur-philosophische Experiment in Bachmanns Erzählung *Alles* gelten, für die Problematisierung des Wahrheitsbegriffs in *Ein Wildermuth*, für den versuchsweisen Austritt aus der Ordnung der Geschlechter in *Ein Schritt nach Gomorrha* oder das Verfremdungsmodell im Hörspiel *Der gute Gott von Manhattan*, wo der *andere Zustand* der Liebe und die alltägliche Ordnung vor der Instanz eines Gerichts abgehandelt werden, als würde die Frage aus Musils Roman diskutiert, ob *Liebe als Verneinung, als Ausnahmezustand*, denn dauern könne.[173] Die angehende Schriftstellerin entdeckt im «Mann ohne Eigenschaften» die beunruhigende Nähe von Liebe und Gewalt, wenn sie auf *die tiefe Beziehung der Liebesgeschichte zum Krieg* weist und feststellt, *daß das umfassende Problem des Romans der Krieg ist. Alle Linien, die Musil nachgezogen hat, führen zum Krieg.*[174] Diese zum damaligen Zeitpunkt ungewöhnliche Lesart des Romans antizipiert ein Grundthema ihres eigenen Schreibens, das sie, in der Entstehungszeit des Musil-Essays,

1953, vor dem Aufbruch nach Italien

im Hörspiel *Ein Geschäft mit Träumen* (1952) dramatisch gestaltet und bis zu den *Todesarten*-Romanen – *Es ist immer Krieg. / Hier ist immer Gewalt*[175] – verfolgen wird.

Am Beginn ihres eigenen literarischen Wegs, der sie aus Wien wegführt, spricht sie sich in den Worten über das Leben und Werk ihres österreichischen Landsmannes, der wie sie in Klagenfurt geboren ist, Mut zu für den vor ihr liegenden Weg. Er habe sich *erlaubt, einen Weg zu nehmen, den man nicht von ihm erwartete*, er habe gewußt, *daß er nur mehr einen Weg gehen konnte*, einen Weg, der *nicht bürgerliche Sicherheit* bot, *nicht stetiges Vorwärtskommen*, sondern *nichts als unauslöschliche Zweifel […], Einsamkeit und jenes Glück im Unglück*, das die Bereitschaft, seine Zeit zu *repräsentieren*[176], dem schreibenden Ich gewährt, schreibt sie in der männlichen dritten Person, bevor sie im Sommer 1953 ihre Anstellung beim Sender Rot-Weiß-Rot kündigt und nach Italien geht.

«Die gestundete Zeit»

Der Erfolg durch die Gruppe 47

Das Auftreten von Ilse Aichinger, Ingeborg Bachmann und Paul Celan auf der Tagung der Gruppe 47 im Mai 1952 in Niendorf wurde in der westdeutschen Nachkriegsliteratur zum Ereignis, jedenfalls in der Literaturgeschichtsschreibung.

«1952 schlug das Pendel sehr weit und für lange, zur anderen Seite aus», schreibt Walter Jens, der dabei war, in seiner «Literaturgeschichte der Gegenwart» (1961). «Ich glaube, ich könnte die Sekunde des Umschlags bezeichnen: es war in Niendorf an der Ostsee, Frühjahr 1952, eine Tagung der Gruppe 47 fand statt. Die Veristen, handwerklich gute Erzähler, lasen aus ihren Romanen. Dann plötzlich geschah es. Ein Mann namens Paul Celan, niemand hatte den Namen vorher gehört, begann, singend und sehr weltentrückt, seine Gedichte zu sprechen; Ingeborg Bachmann, eine Debütantin, die aus Klagenfurt kam, flüsterte, stockend und heiser, einige Verse, Ilse Aichinger brachte, wienerisch leise, die ‹Spiegelgeschichte› zum Vortrag.»[177]

Mit Celans Gedichten konnten die Gruppenmitglieder, so beredt Walter Jens auch die leise österreichische Revolution in der westdeutschen Literatur darstellt, nichts anfangen, und Celan wird aus naheliegenden und weiterreichenden Gründen immer ein distanziertes Verhältnis zur Gruppe 47 bewahren.[178] Er kam zu keiner anderen Gruppentagung mehr. Den Gruppenpreis in Niendorf erhielt Ilse Aichinger für ihre «Spiegelgeschichte». Ein Jahr später, bei der Tagung auf Schloß Elmau, Mai 1953, erhielt Ingeborg Bachmann den Gruppenpreis und avancierte dann im Verlauf weniger Jahre zur ersten lyrischen Stimme in der westdeutschen Lyrik der fünfziger Jahre. Mit dem Lyrikband *Die gestundete Zeit* wurde sie berühmt. Der Band kam zuerst im Herbst 1953 in Alfred Anderschs Buchreihe «studio frankfurt» bei der Deutschen Verlags-Anstalt heraus und wurde

Im Gespräch mit Paul Celan auf der Tagung der Gruppe 47 in Niendorf, 1952. Links neben Ingeborg Bachmann Milo Dor, gegenüber Reinhard Federmann

1957 vom Piper Verlag neu aufgelegt. Westdeutsche Rundfunkanstalten und Zeitschriften bemühten sich nach Bachmanns erstem Erfolg bei der Gruppe 47 um sie und, was für die aus Österreich kommende Lyrikerin noch überraschender war, sie bezahlten auch für ihre Gedichte. In ihrem Essay über die Gruppe 47 erwähnt Bachmann den finanziellen Aspekt ihrer Anerkennung in der Bundesrepublik, denn bisher hatte sie nur den dürftigen Wiener Nepotismus in Literaturangelegenheiten kennengelernt: *[...] am dritten Tag las ich ein paar Gedichte vor, vor Aufregung am Ersticken, ein freundlicher Schriftsteller las sie nochmals laut und deutlich vor [...] und nachher kam ein Herr, der sagte, ich solle am nächsten Tag in Hamburg dasselbe nochmals im Rundfunk lesen, ich bekam 300 Mark an der Kasse, ich dachte, man habe sich geirrt in der Summe, [...] ich verdiente soviel nicht in einem Monat.*[179] Der Gruppenpreis im Frühjahr 1953 ermutigte sie, als freie Schriftstellerin zu leben und endgültig aus Wien wegzugehen. Ein Jahr später, 1954, wird sie bereits als Repräsentantin der jungen «deutschen» Literatur vorgestellt, ihr Porträt wird auf der

Titelseite der Wochenzeitschrift «Der Spiegel» (18. August 1954) abgebildet, ihre als «Neue Römische Elegien» apostrophierten Gedichte kommen, wie es anspielungsreich und gedächtnislos im Titel heißt – «aus dem Deutschen Ghetto». Und ähnlich verkehrt erscheinen «die Inhalte» von Bachmanns lyrischer Stimme in der «Spiegel»-Titelstory: «Feindlichkeit der Zeit und Erlösung in Schlaf und Traum» – so «schattenhaft» meint der Spiegel-Redakteur die Inhalte vieler Gedichte Ingeborg Bachmanns «zusammenfassen zu können». Die jungen Preisrichter der Gruppe 47 hätten mit der Verleihung bekundet, «daß sie eine Handvoll damals noch ungedruckter Lyrik der Bachmann für die besten deutschsprachigen Gedichte ihrer Generation hielten. Die derart gefeierten Dichtungen sind wenig später veröffentlicht worden, in schmalem, trauerschwarz lackiertem Bändchen mit dem Titel ‹Die gestundete Zeit›.»[180]

Es ist viel über Bachmanns «magische Publizität»[181] gerätselt worden, über das Wie und Warum ihrer Berühmtheit in der westdeutschen Literatur der fünfziger Jahre. Gewiß ist, daß die Dichterin, mit den mehrjährigen Erfahrungen literaturjournalistischer Arbeit und der hohen Schule der Wiener «Patriarchen» hinter sich, in Literaturangelegenheiten, auch wenn es die eigenen waren, professioneller vorging als andere Dichter – und dazu alle Register des Rollenspiels

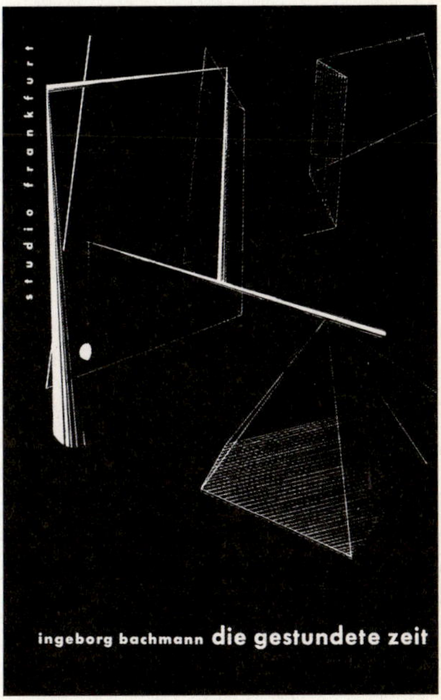

Der erste Gedichtband Ingeborg Bachmanns, 1953 in Alfred Anderschs Buchreihe «studio frankfurt» (Frankfurter Verlags-Anstalt) erschienen

einer scheinbar hilflosen jungen Frau beherrschte. Sie wies den Männern im patriarchalischen Literaturbetrieb die Rolle von Rettern und Wundertätern zu – und diese wuchsen gern in die ihnen zugewiesenen Rollen hinein – *Hab vielen Dank für die Lebensrettung, ich wollte Dir ja gleich schreiben und danken für diese rasche Überweisung. […] Hab vielen, vielen Dank für Deinen Brief und das Zikadenhonorar – ich hätte nicht soviel zu erhoffen gewagt […] ich kann mich damit jetzt aus dem Wasser ziehen.*[182]

Es gab aber noch eine andere «kleine Differenz»: Die Bachmann beherrschte auch das Gedichteschreiben besser als fast alle anderen Vertreter der zeitgenössischen Literatur. Und sie konnte ihren Gedichten einen unverwechselbaren persönlichen Ausdruck mitgeben, der über alles Erlernbare hinausging.

Mit einem Gedicht wie *Die gestundete Zeit* mußte man unter normalen Bedingungen berühmt werden. Nur in Wien wäre sie mit solchen Gedichten Jahr für Jahr in Hans Weigels Jahrbuch «Stimmen der Gegenwart» als eine unter hundert Stimmen der Gegenwart ad acta gelegt worden.

Die gestundete Zeit

Es kommen härtere Tage.
Die auf Widerruf gestundete Zeit
wird sichtbar am Horizont.
Bald mußt du den Schuh schnüren
und die Hunde zurückjagen in die Marschhöfe.
Denn die Eingeweide der Fische
sind kalt geworden im Wind.
Ärmlich brennt das Licht der Lupinen.
Dein Blick spurt im Nebel:
die auf Widerruf gestundete Zeit
wird sichtbar am Horizont.

Drüben versinkt dir die Geliebte im Sand,
er steigt um ihr wehendes Haar,
er fällt ihr ins Wort,
er befiehlt ihr zu schweigen,

er findet sie sterblich
und willig dem Abschied
nach jeder Umarmung.

Sieh dich nicht um.
Schnür deinen Schuh.
Jag die Hunde zurück.
Wirf die Fische ins Meer.
Lösch die Lupinen!

Es kommen härtere Tage.[183]

Die gestundete Zeit schlug das Thema der Literatur der frühen fünfziger Jahre an: die nicht genützte Chance für den gesellschaftlichen Neubeginn, das bedrohliche «Noch» und «Schon wieder». Illusionslos die Feststellung im ersten und letzten Vers: *Es kommen härtere Tage*; nüchterne Anweisungen an ein Du, sich vorzusehen, das Dunkelwerden, Erkalten und Untergehen als Anlaß zum Weggehen zu nehmen, Vorgänge, die damals in fast keinem zeitgenössischen Gedicht fehlten. «Politisch» nannte Karl Krolow ein Gedicht am Ende der vierziger Jahre, auf das Bachmanns *Die gestundete Zeit* unverkennbar hinhört: «Falte die Decke. / Lösche die Lampe: / Der Staat, das ist / Der steinerne Gast. / Er erscheint: allen Abwehrgesten / zum Trotz.»[184] Wolfgang Koeppen hat diese zeitgeschichtliche Erfahrung am Anfang der fünfziger Jahre in seiner großen Romantrilogie zum Gegenstand des Erzählens gemacht. Alfred Andersch bemerkte dazu in der Rezension des dritten Teils, «Der Tod in Rom», daß die Dichter «begriffen, daß es ihnen auferlegt war, noch einmal fortzugehen». Der Titel der Rezension, «Choreographie des politischen Augenblicks»[185], könnte auch über Bachmanns Gedicht stehen. Sogar die konservativsten Dichter, die sonst mit dem Ewigen im Bunde zu stehen meinen, «rechnen» in dieser Zeit «in Jahren»: «‹Damals›, sagt uns die Sprache, ‹und dann›, ‹noch nicht› / und ‹nicht mehr›», heißt es in H. E. Holthusens Gedicht «Variationen über Zeit und Tod»[186].

Ingeborg Bachmanns Gedicht läßt in der Motivik wie im grammatischen Gestus an Brechts Anweisungen «Aus einem Lesebuch für Städtebewohner» denken. Brechts Werk spielte ja in der kurzen, offeneren Zeit nach dem Krieg eine wichtige Rolle, und Bachmann hörte dann auch in der Zeit der Brecht-Boykotte nicht auf, die Bedeutung von Brechts Werken für ihr eigenes Schaffen zu betonen.[187] Die Nähe zur Sprache und Gestik von Brechts Gedicht liegt in der Aufforderung, sich vorzusehen, fremd zu stellen, an nichts zu binden – «Gehe in jedes Haus, wenn es regnet, […] / Aber bleibe nicht sitzen! Und vergiß deinen Hut nicht! / Ich sage dir: / Verwisch die Spuren!»[188] Anders aber als Brecht, der Verhaltensregeln für das Überleben im harten Alltag der kapitalistischen Städtedschungel vorführt, wird in den Geschichtslandschaften ihrer Gedichte auf die konkrete zeitgeschichtliche Erfahrung nach 1945 reagiert: auf Restauration, Bedrohung durch den Kalten Krieg und unabgetragene Schuld. In *Früher Mittag*, einem anderen Gedicht aus *Die gestundete Zeit*, heißt es: *Sieben Jahre später, / in einem Totenhaus, / trinken die Henker von gestern / den goldenen Becher aus.*[189] Brecht unterstrich diese Verse in Bachmanns Lyrikband, als er an einem Nachmittag des Herbsts 1954, mit einem Rotstift in der Hand, im Garten des Buckower Hauses die Gedichte las.[190] Merkwürdig, daß die Eingangsverse von *Alle Tage* keine Unterstreichungen aufweisen. Sie hätten von ihm selber sein können: *Der Krieg wird nicht mehr erklärt, / sondern fortgesetzt. Das Unerhörte / ist alltäglich geworden. Der Held / bleibt den Kämpfern fern […].*[191]

Wir hören sagen, daß Brecht ein großer Dichter, einer unserer größten Dramatiker überhaupt sei, aber man müsse freundlichst vergessen oder heftig bedauern, daß er Kommunist war. Barbarisch gesagt: Hauptsache, daß die schönen Worte da sind, das Poetische, das ist gut, das gefällt uns, besonders die Pflaumenbäume und die kleine weiße Wolke.

(Frankfurter Vorlesungen: Probleme zeitgenössischer Dichtung, 1959, Werke Bd. IV, S. 194)

Zum großen Erfolg von Bachmanns Gedicht trug zweifellos bei, daß es nicht nur politisch verstanden werden konnte. Philosophisch gebildete Leser konnten im Bild der *gestundeten*

Abschied von England

Ich habe deinen Boden kaum betreten,
schweigsames Land, kaum einen Stein berührt,
ich war von deinem Himmel so hoch gehoben,
so in Wolken, Dunst und in noch Ferneres gestellt,
daß ich dich schon verließ,
als ich vor Anker ging.

Du hast meine Augen geschlossen
mit Meerhauch und Eichenblatt,
von meinen Tränen begossen,
hieltst du die Gräser satt;
aus meinen Träumen gelöst,
wagten sich Sonnen heran,
doch alles war wieder fort,
wenn dein Tag begann.
Alles blieb ungesagt.

Durch die Straßen flatterten die großen grauen Vögel
und wiesen mich aus.
War ich je hier?

Ich wollte nicht gesehen werden
[...]

Bertolt Brechts Korrekturen, die er im Spätsommer oder Herbst 1954 in Ingeborg Bachmanns Gedichtband «Die gestundete Zeit» mit Rotstift eintrug («Was ihm gefiel, hat er, wie man an dem Bändchen sieht, mit diesem Fliederrot unterstrichen», Käthe Reichel)

Zeit, die *sichtbar* wird *am Horizont,* diskrete Anspielungen an Martin Heideggers Passage über «die gezählte Zeit» bei Aristoteles in «Sein und Zeit» herauslesen: «Offenbart sich die Zeit selbst als Horizont des Seins?»[192] Vom Surrealismus beeinflußte Leser erkannten im Bild der im Sand versinkenden Geliebten den surrealistischen Bilderfundus, und die konventioneller eingestellte Leserschaft konnte sich bei der Metapher des *ärmlich* brennenden *Licht[s] der Lupinien* an den frühen Rilke erinnert fühlen.

Die Kritik wußte diese offenkundige «Vielfalt der möglichen Assoziationen»[193] zu schätzen, rühmte die gelungene Verbindung von geschichtlicher Aktualität und literarischem Traditionsbewußtsein, beziehungsweise, dem Blickwinkel auf die fünfziger Jahre entsprechend, entweder das eine oder das andere. Die eher linken Kritiker priesen «die hochgespannt kaltblütige Didaktik» (Peter Rühmkorf)[194] und den zeitgeschichtlichen Heroismus mancher Bachmann-Verse, während die eher rechten Kritiker bei Bachmann «das unerklärlich schöne Gedicht» wiederfanden, «reine Poesie», «durch bloßes Dasein wirkend» (Hans Egon Holthusen)[195]. Keinem fiel die blasphemisch erscheinende Konstellation auf: Eine Autorin wendet sich im Gedicht an ein Du, um es zu einer rücksichtslosen männlichen Haltung gegen die zurückgelassene Frau aufzufordern: *Drüben versinkt dir die Geliebte im Sand, […] Sieh dich nicht um.* Nirgendwo ein Kritiker, der bei dieser disparaten Konstruktion weiblicher Autorschaft den inwendigen Schauplatz des Gedichts mitgedacht hätte, ohne den das Verhältnis des männlich konturierten *du* zu der zum Untergang verurteilten *Geliebten* unverständlich bleibt.

Am Ende von Bachmanns Roman *Malina* wird das weibliche Ich der zentralen Doppelgänger-Figur auf ähnliche Weise in der Wand verschwinden: *die Geliebte* geht unter, ohne daß *etwas laut werden* kann. Die letzten Sätze im Roman, nachdem Malina allein zurückgeblieben ist und sich nicht mehr umschaut nach der verschwundenen Frau, unterstreichen das gesellschaftlich Übliche dieser geheimnisvollen Todesart: *Kein Alarm, keine Sirenen. Es kommt niemand zu Hilfe. Der Rettungswagen nicht und nicht die Polizei. Es ist eine sehr alte, eine sehr starke Wand […], aus der nie mehr etwas laut werden kann. / Es war Mord.*[196] Sätze, die als Kommentar neben dem frühen Gedicht stehen könnten.

Die gestundete Zeit ist ein *Todesarten*-Text. Tödliche Verhältnisse im Innern eines Ich und im geschichtlichen Gelände sind sein Gegenstand, der im Frieden fortgesetzte Krieg. Die meisten Kritiker haben das Naheliegende trotzdem nicht bemerken wollen und Bachmanns Lyrik zu Tode gelobt. *Nichts rührt sich, nur dieser fatale Applaus*, wird die Autorin 1959, am Ende des lyrischen Jahrzehnts, schreiben.[197] Beim Erscheinen des Romans *Malina* schlägt die verharmlosende Lobhudelei in aggressive Kritik an der «gefallenen Lyrikerin» (Marcel Reich-Ranicki) um. Es zeigt sich nun, was hinter dem Lob der Zartheit und Ferne ihrer Verse stand: banale Ressentiments der schreibenden Frau gegenüber, Gleichschaltung von weiblicher Rolle und lyrischer Gattungsrolle.

Die Gedichte in *Die gestundete Zeit* entwerfen Geschichtslandschaften, von einem unbestechlichen, quasi strategischen Blick wahrgenommen, der die Zeichen der Zeit illusionslos registriert. Pilot (*Nachtflug*) und Steuermann (*Ausfahrt*) stehen exemplarisch für diese zielbewußte, um Orientierung und Überblick bemühte Haltung, die auch im Titelgedicht begegnet, eine Haltung, die bei Bachmann neu ist. Die vor dem ersten Lyrikband entstandenen Gedichte kennen weder die geschichtliche Dramatik der Zeiterfahrung noch den geistesgegenwärtigen Blick auf die verheerte Welt. Unmittelbar nach dem Krieg sind *Lastbewußtsein* und Leiden das Thema, die *Welt* ist *einzig bereit, Ketten aufzudrücken*[198], *der dunkle See vollendet die Qual*, ein *Spiegel* auf dem Grund des Sees zeigt die *Gründe der Leiden.*[199] Die Gedichte danach, um 1950, geben Bilder der Zerstörung wieder: In *Vision* taucht ein versunkenes Schiff nach dem anderen *aus dem Meer, mit verkohltem Mast, mit zerschossner Brust, mit halbzerfetztem Leib, keine Welle schließt sich hinter ihnen*, kein Hafen öffnet sich.[200] *Menschenlos*, das bedeutet in dem gleichnamigen Gedicht, ohne Boden unter den Füßen, mit gelähmten Händen und *verglasten Augen* in einem *Wolkenball* dahinzutreiben.[201]

Diese mythischen Bilder der Vergeblichkeit und des Ausgeliefertseins an die Vergangenheit werden im ersten Lyrikband von der neuen Haltung abgelöst: dem strategisch auf die Welt gerichteten Blick eines sich freier bewegenden Ich. Es gewinnt die Fähigkeit, Fragen zu stellen, um die ‹Vergangenheit aufzuarbeiten› – *Wer wohnte dort? Wessen Hände waren rein? / Wer leuchtete in der Nacht, / Gespenst, den Gespenstern?* (*Nachtflug*)[202].

Die Haltung des Sehens ändert sich dann wieder im nächsten Lyrikband *Anrufung des Großen Bären* (1956). Zwar bleibt der scharfe Blick ein durchgehendes Motiv, verkörpert im Blick der Eule, dem Wappentier und Alter ego der Dichterin (*Mein Vogel*), aber nun wird dieser *eisgraue Schultergenoß*, die *Waffe* des Ich, selber angefochten. Der überlegte Blick wird in vielen Gedichten aufgelöst in augenblickhaften, rauschartigen Wahrnehmungsmomenten, verdrängte Erinnerungen und Sehnsüchte der Kinderzeit werden lebendig: *Erinnre dich! [...] Was ich vergaß, hat glänzend mich berührt* (*Von einem Land, einem Fluß und den Seen*)[203]. Das erotische Begehren behauptet sich gegen den einseitigen *Umgang mit Gedanken* (*Erklär mir, Liebe*): *sollt ich die kurze schauerliche Zeit / nur mit Gedanken Umgang haben und allein / nichts Liebes kennen und nichts Liebes tun?*[204] Das Ich entgrenzt sich in der begeisterten Übereinstimmung mit dem geliebten Du und der Welt, in den Ekstasen der Feste und des Sinnenglücks.

Biographisch verdankt sich dieses andere Sehen – und am Motiv des Sehens und an seinen Veränderungen ließe sich Leben und Werk Ingeborg Bachmanns darstellen – dem Italienaufenthalt der Dichterin. *In den ersten Jahren* in Italien habe sie das *Vertrauen* in ihre *fünf Sinne* gelernt, getragen vom *Enthusiasmus für dieses neue Leben, für Schauen und Offenheit.* Sie verdanke *dieser Zeit überhaupt alles.*[205]

Voraussetzung für *dieses neue Leben* waren die Ermutigung zum Aufbruch durch den Preis der Gruppe 47, erste Auftragsarbeiten, ein Hörspiel für den NWDR und ein neuer Text für Hans Werner Henzes Ballettpantomime «Der Idiot», ein lyrischer Monolog nach Dostojewskijs Roman, der Tatjana Gsovskys mißglücktes Libretto ersetzen sollte. Bachmann hatte den fast gleichaltrigen Komponisten im Oktober 1952 auf der Tagung der Gruppe 47 auf Burg Berlepsch nahe Göttingen kennengelernt. Bei ihrem Aufbruch nach Italien folgte sie zunächst seiner Einladung auf die Insel Ischia.

«Einmal muß das Fest ja kommen»

Italien 1953 bis 1957

«Sie traf ein an einem Sonntag, am Tage des großen forianischen Festes vom heiligen Veit, San Vito», schreibt Hans Werner Henze in seiner Autobiographie über ihre Ankunft auf der Insel Ischia am 9. August 1953. Am Abend fand «die Schiffsprozession auf dem Golf von Forio» statt, «alles war voller gelben, goldenen und roten Fackelscheins». Sie saßen auf dem Flachdach des kleinen Sarazenenhauses, das Henze bei einer Bauernfamilie gemietet hatte. In den Bäumen der Gesang der Zikaden. Und drüben in Forio «brach eines von diesen napolitanischen Feuerwerken los, bei denen man gar nicht mehr aus dem Staunen herauskommt»[206]. Henze erinnert sich, daß da-

«In mein erstgeborenes Land, in den Süden zog ich [...].» Szenenfoto aus der Theaterinszenierung «Ingeborg Bachmann. Wer?» (Wiener Burgtheater, Herbst 1995, Regie: Claus Peymann)

mals der Satz fiel, «Einmal muß das Fest ja doch kommen!» Der Satz wurde «später zur Anfangszeile eines Tanz- und Passionsliedes» in Bachmanns *Liedern von einer Insel*, das er «Anfang der sechziger Jahre für kleinen Chor und eine kleine Anzahl Instrumente» setzte. Die *Lieder von einer Insel* gehören zu den Italiengedichten im dritten Teil von Bachmanns Lyrikband *Anrufung des Großen Bären* (1956).

Das Italien, das Ingeborg Bachmann damals in Ischia kennenlernte, war noch das «alte, vorbürgerliche Italien» (Pier Paolo Pasolini). Ischia, am Beginn der fünfziger Jahre noch nicht vom Tourismus erschlossen, eine mediterrane Insellandschaft, die einer internationalen Künstlerelite als Zufluchtsort diente. Die englischen Dichter Wystan Hugh Auden und Chester Kallmann hielten sich dort auf, der Komponist Sir William Walton mit seiner Frau, der amerikanische Lyriker Anthony Hecht – Weltflüchtlinge, deren Lebensform sich als Gleichnis für die in den fünfziger Jahren vielzitierte «Inselexistenz» der Künstler und Intellektuellen aufdrängte und das Modell lieferte für Bachmanns Hörspiel *Die Zikaden* (1955).

Henze war schon ein halbes Jahr vor Ingeborg Bachmann in Ischia angelangt. Für ihn bedeutete die Flucht auf die abgelegene Insel, endlich ein freieres Leben führen und sich auf seine musikalische Arbeit konzentrieren zu können – «ein unerreichbarer Platz, geschaffen, der Welt abhanden kommen zu können»[207]. Er hatte bereits in der Bundesrepublik als Komponist Erfolg, in der Zeit seines Italienaufenthalts gelang ihm der Durchbruch zu internationaler Anerkennung. Im Frühjahr 1952 wurde in Hannover seine Oper «Boulevard Solitude» aufgeführt, im selben Jahr in Berlin seine Ballettpantomime «Der Idiot», die zur Biennale nach Venedig ging. Die künstlerisch unbefriedigende Monolog-Montage nach dem Roman Dostojewskijs sollte durch Bachmanns *Monolog des Fürsten Myschkin* ersetzt werden. Der Monolog bildet das Abschlußgedicht ihres ersten Lyrikbands *Die gestundete Zeit* (1953).

Ingeborg Bachmann fand ein kleines Haus in der Nähe von Henzes Unterkunft in San Francesco bei Forio, Casa Elvira Castaldi, von wo der Blick «über die blühenden Weinberge hin bis zu den Schluchten und Abhängen des schönen Monte Epomeneo» ging.[208] Durch Hans Werner Henze bekam sie Zugang zum italienischen und europäischen Musiktheater, durch ihn lernte sie *überhaupt erst Musik verstehen*, ihre ganze Arbeit hänge ja *mit Musik zusammen*, Musik sei für sie *der höchste Ausdruck, den die Menschheit überhaupt gefunden hat.*[209] Mit Henze erlebte sie im Jänner 1956 die Generalprobe von Luchino Viscontis «Traviata»-Inszenierung, in der Maria Callas die Titelrolle sang. Ihre bis dahin gleichgültige Einstellung der Oper gegenüber, so Ingeborg Bachmann, schlug damals um *in ein besessenes Interesse für diese Kunstform.* Als Henze von Visconti die Anregung zu einer Oper nach Kleists Drama «Prinz Friedrich von Homburg» bekam, verfaßte sie das Libretto, nachdem ihr erster Libretto-Versuch, *Belinda* (1956), aus Unkenntnis der besonderen Gesetze dieses Genres gescheitert war. Sie habe *Arien mit Gedichten, Rezitative mit Dialogen* verwechselt. Die erhaltenen Textfragmente geben ihr recht, Belindas schöne Arie *O frei sein! Fortsein! Frei!* könnte unter Ingeborg Bachmanns Italiengedichten stehen, nur im Libretto habe das *Schielen nach Eigenständigkeit des Textes, nach Autorschaft im heutigen Sinn*[210], keinen Platz: *O frei sein! Fortsein! Frei! / Nicht diese Stimmen hören müssen! / Nicht diesen dürren Baum sehn, / der nie Blüten trägt, einmal / nicht diesen stummen Himmel fühlen, / der mit Sternen spart und keine / abwirft, der nie Zeichen gibt!*[211]

Die erste Unterkunft in Italien, Casa Elvira Castaldi, San Francesco bei Forio auf der Insel Ischia

Auch für die Entstehung ihrer Undine-Erzählung spielte der Musikerfreund eine Rolle. Im Oktober 1958 hatte Henzes Ballett «Undine» im Londoner Covent Garden in der Regie von Frederick Ashton Premiere, die Titelrolle tanzte Margot Fonteyn, am Dirigentenpult der Komponist. Ingeborg Bachmann, die damals in München lebte, kam zur Premiere nach London. Sie hatte sich «in ein Meermädchen verwandelt» – «Gewand und Haartracht waren mit Schmuck und Meertang durchflochten und durchflutet»[212], ein Undine-Entwurf der Haute-Couture als Vorwegnahme ihrer eigenen Undine-Erzählung. Das Spiel mit Kostüm und Schmuck, so anekdotisch es sein mag, erinnert an die Utopie einer Welt, die *ein Feiertag* sein könnte, und es im gemeinsamen Italienaufenthalt von Henze und Bachmann wohl auch war. Ein Bewußtsein davon steckt in Bachmanns Kritik des verwalteten Staatssozialismus in dem kleinen essayistischen Entwurf *Jede Jugend ist die dümmste: Die Arbeit ohne Orgiasmus. An Stelle des Fegefeuers die Bürokratie. Der Kommunismus, der seinen Anfang nicht begreift und sich schon verwalten will […]. Wo ist die marxistische Mode? Der Armenkittel der Bürgertracht, die blauen Jacken und die Ledermäntel – oh nein, sie sind der letzte Triumph von Klassen, die die untersten Klassen zur Schäbigkeit verurteilt haben. Rote Federn müßte man sich an den Kopf stecken, in gelbblaugrünen, in violetten und hinreißenden Farben, in kultischen Bemalungen die Befreiung feiern […]. Der Kommunismus muß Luxus sein, oder er wird nicht sein. […] Die Welt hat keine zugelassenen Feiertage, sie ist ein Feiertag.*[213]

Im luxuriösen ästhetischen Spiel huldigten die Dichterin und der Komponist dem befreienden künstlerischen Eros, fühlten sie sich *der alten Schönheit jungen Gnaden*[214] verbunden, die sie mit geschichtlichem Takt für die zeitgenössische Moderne wiederentdeckten. Inspiriert von mediterraner «Sinnlichkeit, Gesang, Oper» (Marie-Luise Wandruszka) gab es für sie nicht den unfruchtbaren Gegensatz von Avantgarde und Tradition, der ihnen nördlich der Alpen begegnete. In Italien lebten sie ihrer Utopie eines Zusammenfindens der Künste als Idee eines Miteinanders der Menschen. *Musik und Dichtung*, das bedeutete für Bachmann in dem gleichnamigen Essay, *einander zu erkennen* und miteinander *eine neue Ausdruckskraft gewinnen* – Wort und Musik *bestehen wohl weiter für sich, aber sie haben ein kostbares zweites Leben in dieser Verbindung. [...] Miteinander, und voneinander begeistert, sind Musik und Wort ein Ärgernis, ein Aufruhr, eine Liebe, ein Eingeständnis.*[215]

Für Ingeborg Bachmann bedeutete der Aufbruch nach Italien im Sommer 1953 zunächst einmal eine Befreiung vom Wien des Nachkriegselends und von einer Berufstätigkeit, die ihr die Zeit zum eigenen Schreiben nahm. Nur daß sie dann auch in Italien, stärker von finanziellen Sorgen bedrückt als der Komponist, vom Gedichteschreiben nicht leben konnte. Die als neue «Sibylle» und «Phönix einer neuen Schönheit» gerühmte Lyrikerin hatte die Hände zu rühren, um sich finanziell durchzuschlagen: *[...] ich lebe hier und schlage mich recht und schlecht durch und muss zusehen, daß ich die Miete zahlen kann jeden Ersten,* wird sie noch Jahre später, nach dem großen Verkaufserfolg der *Anrufung des Großen Bären,* an Alfred Andersch, 15. Februar 1957, schreiben. Eine kleinliche Sparmeisterin war sie nie, Freunde erzählen, daß sie es verstand, wie eine Königin noch das letzte Geld großzügig aus ihrer Schatulle auszugeben.

Im Herbst 1953 mußte sie von Ischia nach Rom aufbrechen, um dort ihren literarischen Aufttragsarbeiten nachzukommen, vor allem dem Hörspiel-Auftrag, den sie von Ernst Schnabel, dem Leiter der Abteilung Wort vom NWDR Hamburg, übernommen hatte.[216] Sie wohnte zuerst an der Piazza della Quercia, Henze blieb noch ein Jahr auf Ischia, nahm dann in Neapel eine Wohnung auf dem Vomero Alto, unterhalb des Klosters Camaldoli, und Ingeborg Bachmann zog, wenn es sich einrichten ließ, zu ihm, in eine künstlerische Arbeitsgemeinschaft, zu der sich die beiden freundschaftlich verbundenen Künstler durch mehrere Jahre hindurch, bis zu Bachmanns Begegnung mit Max Frisch im Herbst 1958, immer wieder monatelang zusammenfanden. Der einzige, mit dem sie künstlerisch zusammengearbeitet hat, in einem Miteinander «ohne das In-Besitz-Nehmen, das Verletzende auch der Liebe» (Inga Belke). Den Winter 1954/55, in Neapel einer der kältesten Winter des Jahrhunderts, verbrachte sie bei Henze. Er schrieb die «Fünf neapolitanischen Lieder», sie die *Lieder auf der Flucht: Der Palmzweig bricht im Schnee, / die Stiegen stürzen ein, / die Stadt liegt steif und glänzt / im fremden Winterschein. // [...] Kälte wie noch nie ist eingedrungen [...].*[217] Im Frühjahr 1956, als Henzes neue Wohnung an der Piazzetta Nunziatella fertig geworden war, zog Bachmann wieder zu ihm. Sie hatten sich entschlossen, so Henze in einem Interview (1986), «in Neapel zusammenzuleben, sozusagen eine Familie zu gründen»[218].

«[...] denn wirklich Musik verstanden habe ich erst durch ihn». Ingeborg Bachmann mit Hans Werner Henze bei einer Probe zu «Der junge Lord», 1965

Besonders Henze hat später sehr feierliche Worte für ihr Zusammenleben gefunden, dabei vielleicht den psychischen und sozialen Druck überspielt, den er als Homosexueller im Italien der fünfziger Jahre doch auch erfahren haben wird. Ihren Eltern schreibt sie, daß sie für ihn gesellschaftlich auch Schutz bedeutete und daß für sie das gemeinsame Leben nicht nur ganz leicht und unbeschwert war. Ein «wunderbares, schönes, reines Leben, wo Eros und Intellekt und Jungsein und Glück zusammengehen», nannte es der Komponist enthusiastisch[219], während die Schriftstellerin nüchterner, aus der Perspektive einer erzählten Figur, von einer *Freundschaft* sprach, die *vielleicht*

Gegenstand, Motiv, Thema und künstlerischen Darstellung

eine bessere Basis für eine Ehe [war] als eine Verliebtheit; Elisabeth Matrei dachte, *es könne sehr gut gehen, jeder würde sein eigenes Leben haben und den anderen nie stören* (*Drei Wege zum See*) [220].

Das Sujet von Bachmanns Hörspiel *Die Zikaden*, für das Henze die Musik schrieb, ist das gemeinsame Leben auf der Insel Ischia, genauer gesagt, nicht das gemeinsame Leben, sondern das Leben einzelner, in Einsamkeit und Isolation geratender Weltflüchtlinge. Der Hörspieltext ist so gesehen eine geistreiche Hommage an das Leben auf Ischia und an den Komponistenfreund, der später selber die Gefahr der künstlerischen Isolation in Italien erkannte. «So baute ich in Italien um meine Person und meine Arbeit eine eigene Welt auf, aus meinen Vorstellungen, meinen Wünschen und Träumen. Ich merkte nicht, wie ich mich dabei zusehends isolierte [...] ich merkte, daß ich in einer Einöde lebte, wo man aufhört zu denken und sich nur noch mit Gefühlen abgibt, Gefühle kultiviert.» [221] Diese Einsicht vermittelt in Bachmanns Hörspiel das Geschrei der Zikaden, das der Erzähler abschließend als einen Gesang jenseits der Menschen kommentiert – *Denn die Zikaden waren einmal Menschen. Sie hörten auf zu essen, zu trinken und zu lieben, um immerfort singen zu können. Auf der Flucht in den Gesang wurden sie dürrer und kleiner, und nun singen sie, an ihre Sehnsucht verloren – verzaubert, aber auch verdammt, weil ihre Stimmen unmenschlich geworden sind.*

Der Erzähler im Hörspiel durchschaut die Begrenztheit der Insel-Utopie und weiß aus eigener Erfahrung, daß die Privatutopie im gesellschaftlichen Abseits zum Scheitern verurteilt ist, *es gibt andere Inseln und viele Menschen, die versuchen, auf Inseln zu leben. Ich selbst war einer von ihnen.* Abschließend wendet sich dieser erfahrene Erzähler an das «du» des Zuhörers, um ihn, mit großem lyrischen Pathos, zu weltzugewandtem Handeln zu ermutigen: *Hier ist eine Insel, und was willst du? [...] Willst du nicht aufstehen und sehen, ob diese Hände zu gebrauchen sind? Oder willst du dir die Welt erlassen und die stolze Gefangenschaft? / Such nicht zu vergessen! Erinnre dich! [...] Eine Tür fällt zu im Wind, und eine Straße läuft vom Himmel übers Meer zur Erde zurück.* [222]

Die lyrische Theatralik und der suggestive Zauber solcher

Sprachszenen dürften dazu beigetragen haben, daß man ihre Rundfunk-Hörspiele oft der Verinnerlichungs- und Vernebelungsdramaturgie dieser in den fünfziger Jahren, vor der Ära des Fernsehens, so erfolgreichen medialen Literaturgattung zurechnete.[223] Als formales Gegengewicht gegen das lyrische Pathos betonte Ingeborg Bachmann in allen ihren Hörspielen den klaren und transparenten Aufbau. In *Die Zikaden* läßt die Verfasserin eine Reihe von Flucht-Schicksalen Revue passieren, unter denen die Gestalt mit dem sprechenden Namen Robinson exemplarische Bedeutung erhält. Robinson, der auf der Insel den *endgültige[n] Austritt aus einer Gesellschaft* vollziehen will, *die sich fortgesetzt* an seinem *Leben vergriffen hat,* trifft auf den *Gefangenen,* der durch seine Flucht von der nahen Gefangeneninsel in die Welt zurückkehren möchte, der er *nie verlorengegangen* ist.[224] Mit dialektischem Witz wird der Weltflüchtling Robinson in die Rolle eines Fluchthelfers für den Gefangenen gebracht, der auf den Kontinent zurückkehren will. Eine zusätzliche Ironie fällt auf die sogenannte zweite Desertion[225] der Künstler und Intellektuellen in den fünfziger Jahren durch den Blick eines Inselbewohners, der in der Zeit der Emigration auf die Insel gekommen war und dort blieb, nachdem *der Rauch nach dem Krieg sich verzogen hatte: Er spürte wohl Lust, den täglichen Kampf wieder aufzunehmen, seine Ja- und Nein-Stimme wieder abzugeben, wie er es so gern getan hatte, ehe man keine Stimme mehr abgeben durfte. Aber das war so lange her. […] Nun saß er hier und sah sich die großen Abenteurer an. […] Dabei hatte er wieder lachen gelernt; er lachte herzlich und ingrimmig. Das konnte heißen: Ihr habt es nötig!*[226]

So lieferte Bachmanns Hörspiel eine Kritik der Flucht-Utopien gerade zu einem Zeitpunkt, als diese unter ihren Schriftstellerkollegen hoch im Kurs standen, als existentialistische «Akte der absoluten, verantwortungslosen, Gott und dem Nichts sich anheimgebenden Freiheit» (A. Andersch)[227] gerühmt, oder, bescheidener, als «Traum von der Bedürfnislosigkeit» eines außergesellschaftlichen Daseins und als Tagtraum vom «nicht mehr mitspielen, nicht mitmachen, den Pakt nicht unterschreiben» (Wolfgang Koeppen)[228] verteidigt wurden.

Die Zikaden wurden im Winter 1954/55 fertiggestellt, die Erstsendung des Hörspiels im NWDR Hamburg fand am 25. März 1955 statt. Der Rundfunk spielte für die freien Schriftsteller in den fünfziger Jahren als Auftraggeber eine wichtige ökonomische Rolle. Von der Lyrik konnte selbst eine Bachmann im «lyrischen Jahrzehnt», als das die fünfziger Jahre gelten, nicht leben. In der unhaltbaren finanziellen Situation der ersten Italienjahre verfaßte die Autorin auch fast ein Jahr lang, von Herbst 1954 bis Sommer 1955, Korrespondentenartikel für die «Westdeutsche Allgemeine Zeitung» und für Radio Bremen. Die unter dem Pseudonym Ruth Keller veröffentlichten Rundfunktexte sind erst 1997 wiederaufgefunden und zusammen mit Zeitungsartikeln für die «Westdeutsche Allgemeine» unter dem Titel «Römische Reportagen. Eine Wiederentdeckung» veröffentlicht worden. Die Rundfunkbeiträge, im wesentlichen Zusammenfassungen aus der italienischen Presse, also keine selbständig recherchierten «Reportagen», sind dort am besten, wo sie gerade nicht journalistisch professionell wirken, und Bachmanns wörtliche Übersetzung aus den italienischen Zeitungen der deutschen Sprache etwas Ungewohntes verleiht. Der im Frühjahr 1955 auf den Markt gebrachte Fiat Populare S 600 zum Beispiel avanciert bei ihr mit seiner *effektiven Potenz von 21,5 PS* und seinen *vier Sitzen und zwei Türen* zu einem *vierzylindrige[n] kleine[n] Wunder*, das den Italienern *die alten Götter* ersetzt. In ihrer Phantasie läßt die Italienkorrespondentin den Wagen durch das alte Italien fahren – die *meisten Hauptstraßen sind antike Straßen*, die *wie zur Zeit des römischen Imperiums hügelauf und hügelab führen* –, und es erscheint ihr ungewiß, ob diese alten Straßen den *Zuwachs an zirkulierenden Wagen* verkraften werden.[229]

Gerade das Unprofessionelle bewahrt manchen Berichten etwas Jugendliches, als würde die Welt Italiens zum erstenmal gesehen, während ihre politischen Korrespondenzberichte nur die alten Vorurteilsmuster des Kalten Kriegs bedienen und trotz – oder vielmehr wegen – ihrer professionellen Machart ununterscheidbare journalistische Ware sind. Die gute Sache, wie selbstverständlich ist das die der herrschenden Parteien, sei bedroht von den *Ultralinken*, den *Linksextremisten*, von einer *fanatische[n] Opposition um jeden Preis*, einem *ultraroten Vormarsch*, womit die Kommunisten und die Sozialisten gemeint sind, die *mit einem roten Trojanischen Pferd in die schwarze Mitte eindringen* wollen [230], den *kalte[n] Aufstand* planen, *durch den das Leben der Republik abgedrosselt werden könnte*; *immer lauter* werden die *Kassandra-Rufe bester italienischer Publizisten, die der Regierung der Mitte nahestehen* [231], und die Italienkorrespondentin Ruth Keller fragt in Radio Bremen, ob *die gegenwärtigen Gesetze und die Grundvorschriften der Verfassung genügten, um die Kommunisten nicht nur in Schach zu halten, sondern sie auch wirksam zu bekämpfen* [232].

Unangemessenes Reden über Politik wird Ingeborg Bachmann Anfang der sechziger Jahre einen Journalismus nennen, der dem *Jargon des Kriegerischen* verfallen ist, gespeist *von einer aus allen schlechten Metaphern leerlaufenden Sprache.*[233] Ohne Beziehung stehen die Korrespondenzartikel schon in ihrer Entstehungszeit neben der unbewußten ‹Geschichtsschreibung› der damaligen Gedichte und Prosatexte. Es ist nicht bei diesem beziehungslosen Nebeneinander geblieben, die Überwindung der arbeitsteiligen Trennung von Politik, Literatur und privatem Alltag – *«Moral ist Moral, Geschäft ist Geschäft und Krieg ist Krieg und Kunst ist Kunst»* [234] – wurde seit den Frankfurter Vorlesungen ein Grundmotiv ihres Schreibkonzepts. *Interesse für Politik – das klingt ein bißchen wie «Interesse für Archäologie» oder «Interesse für Astrologie» und hat doch etwas ganz anderes zu sein und will es auch sein für jemand, der nicht an das Privatime von Denken glaubt und auch nicht, daß die Kunst die Kunst ist und die Politik die Politik ist und die Wirtschaft die Wirtschaft. Darüber möchte ich einmal ausführlicher werden, mehr sagen zu diesem Komplex – das kann eine analytische Arbeit werden oder eingehen in ein Buch, das primär gar kein «politisches» Buch zu sein braucht.* (Januar 1963).[235] Die *Todesarten*-Recherchen haben *diese[n] Komplex* zum Gegenstand, eine politische Prosa, die keine Trennung mehr zuläßt zwischen öffentlicher und privater Geschichte. Politische Journalistinnen werden zu Zentralfiguren in einem Prosa-Projekt, das von der detektivischen Intention bestimmt ist, den verborgenen privaten und gesellschaftlichen Verbrechen nachzugehen, genauso wie sie in ihren explizit politischen Überlegungen auf der *Untrennbarkeit der Bereiche* besteht. Wenn *das Denken sich auch nicht immer sichtbar politisch profiliert, so muß es sich zu Zeiten dazu verstehen, nicht als einmalige Äußerung [...] nicht als sportliche Tätigkeit in der Öffentlichkeit* aufzutreten, *sondern als der kritische Freund, der bedenklichere, der wagemutigere.* Nicht nur den politischen Intellektuellen ist es aufgegeben, sich *beharrlich* dafür einzusetzen, *daß alle, alle ohne Unterschied und für immer, leben sollen und arbeiten sollen, dürfen, und essen und schlafen ohne Furcht.*[236]

Ein Thema, das sie auch nach den *Römischen Reportagen* nicht zu beschäftigen aufhörte, blieb ihr Verhältnis zum Kommunismus. Zunächst war sie 1958 von Hans Weigel, dem österreichischen Meister des militanten Antikommunismus, in der Zeitschrift «Forum» polemisch mit den Kommunisten in Zusammenhang gebracht worden in einem «Offenen Brief», der ein Dokument des Kalten Kriegs und der patriarchalischen politischen Kultur im Österreich der fünfziger Jahre darstellt. Bei der Lektüre eines Buchs *über die Integration Europas* reflektiert die Autorin am Beginn der sechziger Jahre über ihr Verhältnis zum Kommunismus: *früh* schon habe sie den *Kommunismus als eine wirkliche Idee empfunden,* notiert sie, *immer zurückschreckend vor dem Preis für die Verwirklichung. Mein «die Hände in den Schoss legen», sieht mir manchmal selber aus wie «Einverständnis», wie die Annahme des Bösen, ein Ja-sagen zu einer Welt, die ich nicht gutheissen kann. Aber es ist doch vor allem eine Lähmung.*[237] In ihrer letzten größeren öffentlichen Äußerung zu dieser Frage im Film Gerda Hallers – «Ingeborg Bachmann in Rom» (Juni 1973) – spricht sie von einem *Mitdenken* und *Mitgehen* mit den Menschen, *für die es noch etwas gibt, was sie den Klassenkampf nennen. Arbeiter hier wissen, was sie zu tun haben und sie haben ein ungeheuer starkes Bewußtsein von dem, was nicht sein darf und von dem, was sein sollte. Und diese Leute liebe ich und warum ich Italien liebe und immer lieben werde, das hat damit zu tun.*[238]

1955 erschien im ersten Heft der Zeitschrift «Akzente»

Offener Brief in Sachen Unterschrift

FRAU DR. INGEBORG BACHMANN
Lyrikerin aus Klagenfurt
dzt. München

Meine liebe Inge,

wie geht es Dir immer? Ich habe schon lange nichts mehr von Dir gelesen. Darum war ich sehr froh, kürzlich auf Seite 1 der Zeitschrift „Die Kultur" Deinen Namen zu finden. Leider stand er nicht unter einem Gedicht, sondern unter einem Protest gegen die atomare Bewaffnung der Bundeswehr.

Sag einmal, Inge, was ist Dir da eingefallen? Bist Du ganz und gar von Gott verlassen, daß Du Deine Kompetenzen als Lyrikerin und als Österreicherin derart überschreitest? Kannst Du Dir vorstellen, daß die Gertrud von Le Fort oder die Luise Rinser bei unserem Minister Graf gegen eine bestimmte Waffengattung des österreichischen Bundesheeres protestieren? Nein? Ich auch nicht!

Aus Deiner Unterschrift geht hervor, daß Dir die strategische Konzeption der bundesdeutschen Regierung nicht paßt. In diesem Fall kannst Du ja als Ausländerin die Konsequenzen ziehen und nach Hause fahren (was Dir übrigens auch sonst recht gut täte). Und wenn es Dich zur Politik drängt (was mir neu ist), dann hast gerade Du als Atom-Gegnerin eine Möglichkeit, um die Dich Deine deutschen Freunde und Mitunterzeichner glühend beneiden werden: Du kannst bei uns kommunistisch wählen! Du kannst in den Klagenfurter Gemeinderat, in den Kärntner Landtag und in den österreichischen Nationalrat Politiker entsenden, die ganz im Sinn des „Kultur"-Aufrufs die Deutsche Bundesrepublik nicht als Lagerplatz, sondern nur als Ziel für Kernwaffen sehen möchten. Solange Du aber im Ausland zu Gast bist, mußt Du — noch dazu als Dame — ein Minimum an Takt und Zurückhaltung wahren und darfst Dich nicht in interne Streitigkeiten der Gastgeber einmengen.

Hast Du übrigens von den Maßnahmen der ungarischen und polnischen Behörden gegen unsere dortigen Kollegen gelesen? Hast Du schon protestiert? Wenn Du in München keine passende Stelle findest: FORVM wird Deinen Protest gewiß mit Vergnügen abdrucken.

Ein herzliches Servus, auch an Ilse Aichinger!

Dein

Hans Weigel

Forum 5. Jg., H. 54 (Juni 1958), S. 218

(Jg.2, H.1) Ingeborg Bachmanns Essay *Was ich in Rom sah und hörte* (1955), der mit besseren Gründen den Titel «Römische Reportagen» führen könnte als die politischen Korrespondenzartikel. Jeder, der nach Rom reist oder einmal in Rom war, sollte diesen Text kennen, nein, man sollte ihn kennen, auch wenn man nie nach Rom kommen wird. Denn wie hier ein Ich die Stadt wahrnimmt, das läßt sich auf alle Städte und auf alle Landschaften übertragen, sogar auf die Wahrnehmung von uns Menschen selber. Man versteht hier, warum Sigmund Freud die Stadt Rom als Beispiel wählte, um an ihr «das allgemeinere

Problem der Erhaltung im Psychischen» zu erklären, jenes Phänomen, daß in uns die Vergangenheit fortdauert, daß «nichts, was einmal zustandegekommen war, untergegangen» oder abgeschlossen ist und «neben der letzten Entwicklungsphase auch alle früheren noch fortbestehen».[239] In *Was ich in Rom sah und hörte* geht es um diesen geschichtsbewußten Blick, der die utopischen Zeichen der noch nie verwirklichten friedlichen Geschichte – *Fisch, Pfau und Taube, Anker und Kreuz, Speise und Trank* – genauso wahrnimmt wie die verborgenen Spuren der Gewalt: *Schwer zu sehen ist, was unter der Erde liegt: Wasserstätten und Todesstätten*, die *Wege senken sich in die Katakomben.* Und wer *sich abmüht, die Erde aufzukratzen, findet den [Kummer] der andern darunter.*[240] Auch im Leivollen, Zerbrochenen und Ermordeten gelingt es dem wahrnehmenden Ich, Widerstand und Hoffnung für die Gegenwart lebendig zu machen. *Ich sah auf dem Campo de Fiori, daß Giordano Bruno noch immer verbrannt wird. Jeden Sonnabend, wenn um ihn herum die Buden abgerissen werden und nur mehr die Blumenfrauen zurückbleiben […], tragen die Männer den Abfall, der geblieben ist, nachdem alles verfeilscht wurde, vor seinen Augen zusammen und zünden den Haufen an. Wieder steigt Rauch auf, und die Flammen drehen sich in der Luft. Eine Frau schreit, und die anderen schreien mit. Weil die Flammen farblos sind in dem starken Licht, sieht man nicht, wie weit sie reichen und wonach sie schlagen. Aber der Mann auf dem Sockel weiß es und widerruft dennoch nicht.*[241]

Was wir haben ist nichts, reich ist man, wenn man etwas hat, das mehr ist als materielle Dinge und ich glaube nicht an diesen Materialismus, an diese Ungeheuerlichkeit, die hier stattfindet, an diese Bereicherung der Leute, die kein Recht haben, sich an uns zu bereichern. Ich glaube wirklich an etwas und das nenne ich «Ein Tag wird kommen». Und eines Tages wird es kommen, ja, wahrscheinlich wird es nicht kommen, denn man hat es uns ja immer zerstört. Seit sovielen tausend Jahren hat man es immer zerstört. Es wird nicht kommen und trotzdem glaube ich daran, denn wenn ich nicht daran glauben kann, kann ich auch nicht mehr schreiben.

(Ingeborg Bachmann in Rom, Statement im Film von Gerda Haller, Juni 1973, Nachlaß Bl. 2341)

Den Fassaden der imperialen Macht hält die Autorin die Aufmerksamkeit für die Armen und Schwachen entgegen, den

Blick für die stummen körperlichen Gebärden und die unscheinbaren «Andeutungen», für die Sprache des Kreatürlichen, die schon Georg Büchner zum Gegenstand einer anderen Geschichtsschreibung machte.[242] Der *die Geige spielt, ist ganz weiß geworden und setzt einen Takt lang aus*, heißt es in der Passage über ein jüdisches Fest im Ghetto, das mit dem Satz eingeleitet wird: *In Rom sah ich im Ghetto, daß noch nicht aller Tage Abend ist.* Die Gebärde des erbleichenden Geigers macht bewußt, wie nahe das vergangene Grauen auch in Rom ist, wie es plötzlich im Ausdruck gegenwärtiger Freude durchscheinen kann: *Die Alten erinnern sich ihrer Freunde, die mit Gold aufgewogen wurden; als sie losgekauft waren, fuhren trotzdem die Lastwagen vor, und sie kamen nicht wieder. Aber die Enkelkinder, zwei kleine Mädchen in brennend roten Röcken […] tanzen zwischen den Tischen […] und der die Geige spielt, ist ganz weiß geworden und setzt einen Takt lang aus.*[243]

Theodor W. Adorno hat die Gattung des Essays, der Ingeborg Bachmanns Prosatext *Was ich in Rom sah und hörte* zuzuordnen ist, als Form einer am Hinfälligen und Vergänglichen orientierten Geschichtsschreibung bestimmt. Der Essay wolle «nicht das Ewige im Vergänglichen aufsuchen und abdestillieren, sondern eher das Vergängliche verewigen». «Er revoltiert […] gegen jenes alte Unrecht am Vergänglichen», seine «Beziehung auf Erfahrung […] ist eine auf die ganze Geschichte». Ähnlich erhellend trifft Adornos Reflexion das kontemplative Moment des Essays, das Bachmann selber in ihrem Rom-Essay so betont: «Eigentlich denkt der Denkende gar nicht, sondern macht sich zum Schauplatz geistiger Erfahrung.»[244]

Neben der philosophischen Gattungsbestimmung des Essays sei hier eine Betrachtung von Ingeborg Bachmanns Rom-Essay zitiert, die das Text-Subjekt wieder zurückführt auf die vorstellbare biographische Person. Christa Wolf hat in ihrem Nachwort zu einer Bachmann-Ausgabe in der DDR (1966) mit großer Empathie in *Was ich in Rom sah und hörte* die Haltung der konkreten Autorin für uns sichtbar gemacht: «Der herrliche Mut und die Selbstverständlichkeit des Menschen, der in die Stadt hineingeht, in ihr untertaucht, mit sich geschehen läßt, was da geschehen kann, die Augen nicht verschließt, auch wenn ihm nach Wegblicken zumute ist; der wieder auftaucht. Weiß, das ist eine Atempause, sich des Bodens unter seinen Füßen zu versichern. Der dasteht und einfach ‹ich› sagt, ohne Selbstüberhebung, doch mit erhobenem Kopf: Die Haltung dieses Menschen, des Autors, macht diese Prosa aus […].»[245]

Das folgenreichste Werk aus der Zeit des ersten Italienaufenthalts von 1953 bis 1957 stellt zweifellos der im Herbst 1956 im Piper-Verlag erschienene Lyrikband *Anrufung des Großen Bären* dar. Hier hat Bachmanns Italienerfahrung den einprägsamsten Ausdruck gefunden, so sehr, daß viele Kritiker ihr Werk mit der Sprache dieser Gedichte gleichsetzten und die Autorin es danach schwer hatte, mit der Besonderheit ihres späteren Prosawerks wahrgenommen zu werden. Wenn Ingeborg Bachmann dann in den sechziger Jahren, in der Zeit der Arbeit an den Romanen, so bestimmt behauptete, seit Jahren kein einziges Gedicht mehr geschrieben zu haben, obwohl sie in Wirklichkeit nicht aufhörte, neue Ausdrucksmöglichkeiten in der Lyrik zu finden, hat das mit dieser Rollenzuschreibung durch die Kritik zu tun. Nach dem Erscheinen von *Anrufung des Großen Bären* stimmte die Dichterin gern den Rezensenten zu, die die größere sinnliche Anschaulichkeit des zweiten Lyrikbandes mit der südlichen Landschaft Italiens in Verbindung brachten. Vor allem über die Rezension von Helmut Heißenbüttel in Alfred Anderschs Zeitschrift «Texte und Zeichen» («Gegenbild der heillosen Zeit», Jg.3, H.1, 1957) freute sie sich. Heißenbüttel, der in den Bildern des Südens nicht die Gebrochenheit und Spannung übersah, wandte sich gegen die geläufige literaturkritische Phrase, daß in Bachmanns Gedichten «die reine Stimme der Poesie selbst» erklinge. Das «Erlebnis italienischer, mittelmeerischer Landschaft» sei in diesem Lyrikband genauso wie die Bilder der «vergangenen Kinderwelt» oder der «Zauberbereich der Sagen und Märchen» «der aus der verzweifelten Sehnsucht geborene Entwurf eines Gegenbildes».[246] Damit entdeckte Heißenbüttel als erster die Grundspannung in Bachmanns Gedichten: den Gegensatz von traumatischer Erfahrung und utopischem Entwurf.

Der Lyrikband mit den einprägsamen utopischen Formeln – denkt man an den Beginn des bekanntesten Italiengedichts, *In mein erstgeborenes Land, in den Süden / zog ich* (*Das erstgeborene Land*) [247], an den Vers *Nichts Schönres unter der Sonne als unter der Sonne zu sein* im Hymnus *An die Sonne* [248] oder an die Sprache der Liebe und des Festes in den *Liedern von einer Insel* – enthält als dunklen Fond eine Galerie von allegorischen Bildern der Gewaltgeschichte: der *Große Bär* im Titelgedicht als Nachtseite der Welt, die rollende *Blutorange* [249] in den *Liedern auf der Flucht*, oder die vielen Bilder eines Ich, das zu Boden geschlagen wird, niederstürzt – und dennoch sich erhebt, gegen die Nacht und gegen die Gewalt. *Wenn du auferstehst, / wenn ich aufersteh, / hängt der Henker am Tor, / sinkt der Hammer ins Meer. // Einmal muß das Fest ja kommen!* (*Lieder von einer Insel*).[250] Weil die Gewaltgeschichte nicht übersprungen wird, bestimmt eine geradezu heroische Spannung die errungenen und verteidigten Gegenentwürfe in den Gedichten. Selbst das hymnische *An die Sonne* ist nicht, wie Heißenbüttel in diesem Fall kritisch meint, leerlaufende «Positivität» ohne Gegensatz, sondern kontrapunktisch bezogen auf den *unabwendbaren Verlust* der Augen (in der letzten Strophe) und auf das Sternbild der Nachtseite der Welt in der *Anrufung* des gewalttätigen *Großen Bären* im Titelgedicht.[251] Solche spannungsvollen bildlichen und rhythmisch-gestischen Gegensätze und die überlegte Kontrapunktik von Themen und lyrischen Formen instrumentieren den Lyrik-Zyklus vom einzelnen Gedicht bis zur überlegten Komposition des vierteiligen Bandes. Die Dramatik der gestundeten Zeit, die den ersten Lyrikband beherrschte, kehrt in *Anrufung des Bären* verwandelt wieder im Gegensatz von traumatischer Zeiterfahrung und utopischer Gegenzeit; das Grundmotiv des Sehens wird neu entfaltet in einer rauschhaften, visionär gesteigerten Wahrnehmung, die der Negativität abgerungen wird. Das dem *Grausen* und der Todesgefahr ausgesetzte Ich in Bachmanns bekanntestem Italiengedicht, *Das erstgeborene Land*, trinkt das Gift aus dem Schlangenbiß, um aus sich selber die Kraft zu einem alles erneuernden Blick zu gewinnen – *Und als ich mich selber trank / und mein erstgeborenes*

Land / die Erdbeben wiegten, / war ich zum Schauen erwacht. // Da fiel mir Leben zu. // Da ist der Stein nicht tot. / Der Docht schnellt auf, / wenn ihn ein Blick entzündet.[252]

Der offensichtlichste Unterschied zum ersten Lyrikband liegt in der neuen Bedeutung von Liebe und Erotik. Die Bilder der elementaren Landschaft Süditaliens, die vulkanische Insel Ischia, die Gegenwärtigkeit der heidnischen alten Götter in der katholischen Festkultur oder die Anklänge an die antike Naturphilosophie, lassen im abschließenden großen Italiengedicht die Macht des Eros mit antiker Größe wiederauferstehn: *[…] sagt dem Festland, daß die Krater nicht ruhn! // […] Es ist Feuer unter der Erde, / und das Feuer ist rein. // Es ist Feuer unter der Erde / und flüssiger Stein […]. (Lieder von einer Insel).*[253]

In den Italiengedichten schließt Ingeborg Bachmann an die naive ekstatische Liebesdichtung ihrer Jugendzeit an, nun in einer lyrischen Sprache, die nichts naiv Vormodernes mehr hat, sich ihrer geschichtlichen Voraussetzungen bewußt ist und souverän über die weltliterarische Überlieferung verfügt. Die großen alten Bilder, an den allumfassenden Eros bei Lukrez erinnernd oder an die Liebeslyrik der Sappho, werden bei Ingeborg Bachmann dramatisiert durch die erschütternde Erlösungssehnsucht eines heutigen Ich, das nicht länger dem Kältetod der Welt ausgesetzt sein will:

Ich aber liege allein
im Eisverhau voller Wunden.

Es hat mir der Schnee
noch nicht die Augen verbunden.

Die Toten, an mich gepreßt,
schweigen in allen Zungen.
[…]
aber erst hier –
als die Lava herabfuhr
und ihr Hauch uns traf
am Fuß des Berges,

als zuletzt der erschöpfte Krater
den Schlüssel preisgab
für diese verschlossenen Körper –
[...]
O Liebe, die unsre Schalen
aufbrach und fortwarf, unseren Schild,
den Wetterschutz und braunen Rost von Jahren!

(*Lieder auf der Flucht*) [254]

Liebe als Naturmacht, die das Eis zum Schmelzen bringt, die starren Schalen aufbricht und die Gräber öffnet, diese ältesten Bilder des «Stirb und Werde» der erotischen Poesie werden nun zum dramatischen Ausdruck des erlösungsbedürftigen Ich – *Erlöse mich! Ich kann nicht länger sterben.* Das ohnehin schon bedrückte Verhältnis von Eros und Zivilisation hat sich durch das Wissen um den geschichtlichen Ausnahmezustand verschärft. Die Texte der literarischen Tradition sind palimpsestartig überschrieben von zeitgenössischen Leiderfahrungen und lebensgeschichtlichen Dramen. Geschichte, Autobiographie und literarische Überlieferung treten in spannungsvolle Konstellationen, überlagern einander als Zitat, Motto und Anspielung. Der Vers *Ich aber liege allein* ist ein Sappho-Zitat, das mit der Sprache des geschichtlichen Ausnahmezustands in die Enge geführt wird. *Eisverhau* erinnert an Stacheldrahtverhau, die verbundenen Augen an eine Hinrichtungsszene, die an das Ich gepreßten Toten an ein Massengrab. Die traumatischen Erfahrungen der Geschichte radikalisieren den Topos vom harten Gesetz der Liebe, den das Motto aus den «Trionfi» des Petrarca am Beginn des Gedichts nennt: *Dura legge d'Amor!* Resigniert steht am Schluß des Gedichts, daß die triumphale Versöhnung von Liebe, Leben und Kunst unmöglich geworden ist: *Die Liebe hat einen Triumph und der Tod hat einen, / die Zeit und die Zeit danach. / Wir haben keinen.* Wie eine verzweifelte Ironie, unverkennbar gegen Gottfried Benns Kunstmetaphysik gewendet, die beiden Schlußverse: *Doch das Lied überm Staub danach / wird uns übersteigen.* [255]

In der *Todesarten*-Recherche der sechziger Jahre wird Ingeborg Bachmann Liebesverrat und Liebesmord als die *Krankheit der Zeit* darstellen, die dem *schönen Buch* jede Grundlage entziehen. Denn Liebe und Poesie gehörten für die Autorin von Anfang an zusammen. Christine Koschel, die mit Ingeborg Bachmann in den letzten Jahren in Rom befreundet war, hat die inspirierende Kraft des Eros im Schaffen Ingeborg Bachmanns betont und dabei auf Shakespeares «to the only begetter» hingewiesen, jene enigmatische Widmung seiner Sonette, die einmal in einer Vorstufe zu ihrem Gedicht *Böhmen liegt am Meer* auftaucht – «to the only begetter», «an diesem Credo, ihrem einzigen vielleicht», habe sie «festgehalten».[256]

Hôtel de la Paix

Die zweite Hälfte der fünfziger Jahre

Ich werde wahrscheinlich im Herbst in München eine Stelle annehmen, schreibt Ingeborg Bachmann Anfang Juni 1957 aus Rom, *nichts Besonderes, im Gegenteil, damit ich durch den Beruf nicht zu sehr abgelenkt werde. Aber insgeheim hoffe ich auf ein Wunder, auf einen Engel, der mir nachts etwas ins Ohr sagt; sonst gehe ich den*

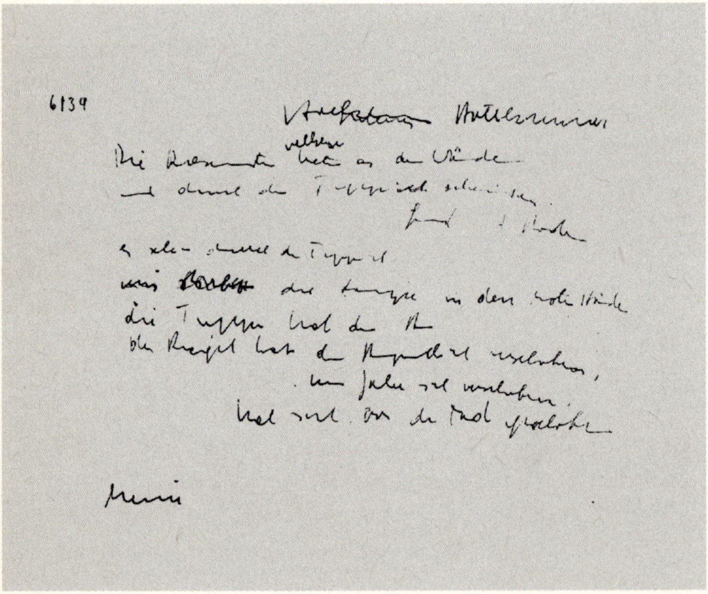

Entwurf zu dem Gedicht «Hôtel de la Paix» (Bl. 6144)

klassischen Tiber hinauf und hinunter und überlege, ob tot sein hier nicht besser ist als halbtot sein in München […].[257] Clemens Münster vom Bayrischen Rundfunk in München hatte ihr eine Dramaturgenstelle angeboten, um ihr aus der finanziell unhaltbaren Situation in Italien herauszuhelfen.

Seit der Mitte der fünfziger Jahre war sie immer wieder Wochen und Monate unterwegs gewesen, auf der Suche nach einem Ort, an dem sie bleiben könnte. *Mein Vorhaben: Ankommen!*, dieser Wunsch aus der Titelerzählung von *Das dreißigste Jahr* (1961) steht hinter den zerfahrenen Reisebewegungen dieser Jahre. Ruhelos wie der Dreißigjährige in der Erzählung reist sie «von Wien nach Rom, zurück nach Wien, wieder nach Rom und schließlich abermals zurück nach Wien, kann an keinem Ort, zu dem [sie] zurückkehrt, wirklich ankommen» [258]. Liest man die *Lieder auf der Flucht*, wird man bei dieser verzweifelten Unrast noch immer an Paul Celan und die Unmöglichkeit ihres Lebens miteinander denken.

Im Sommer 1955 trat Ingeborg Bachmann im Rahmen eines politisch-kulturellen Austauschprogramms eine Reise in die USA an, wo sie an der Harvard University in Massachusetts einen Sommerkurs besuchte, den Henry Kissinger leitete. Danach hielt sie sich – *wegen einer ausgedehnten Krankheit* – bis zum Spätherbst bei ihren Eltern in Klagenfurt auf [259], vorher war sie einige Tage in Wien – *daneben versuchte ich sogar, mich umzusehen nach einer Wohnung für später, aber die Stadt hat mich zu sehr angestarrt.* Sie möchte, *wenn es gelingt, nach Griechenland gehen.* [260] Sie fuhr aber dann von Klagenfurt nach Paris, wo Pierre Evrard lebte, ein französischer Journalist, den sie in den USA im

Sommer 1955, auf dem Campus der Harvard University beim Internationalen Seminar des Cultural Exchange-Programms

Harvard-Seminar kennengelernt hatte, und Paul Celan, der nun verheiratet war. Den für länger geplanten Aufenthalt brach sie *in der Weihnachtstrostlosigkeit* vorzeitig ab. Nach einem Zwischenaufenthalt in Klagenfurt kehrte sie Anfang 1956 nach Rom zurück, *in einer neuen Ungewissheit*, aber die ist in Rom wenigstens *vertrauter.*[261] Von Rom zieht sie im Februar zu Henze nach Neapel in die Villa Rotondo, bleibt dort bis zum August 1956, anschließend fährt sie *in die Villegiatura* nach Ischia; danach wieder die Ungewißheit – *Ich weiss nämlich gar nicht, wohin ich gehen soll und wo ich mich niederlassen soll.*[262] Über Venedig, Klagenfurt, Berlin, wo sie Ende August 1956 mit Henze die Premiere seiner Oper «König Hirsch» erlebt, fährt sie zurück nach Klagenfurt zu den Eltern. Wieder neue Pläne für einen längeren Aufenthalt in Paris, und, wie im Vorjahr, eine Erkrankung, die die Abreise verzögert – *Vor Mitte November aufzustehen und einen Zug besteigen zu können, hab ich keine Hoffnung!*[263] Anfang Dezember ist sie in Paris, schreibt die ersten Briefe *aus der Situation ‹Hotel›, dem Anfang hier und den Schwächen, die die Krankheit und die Umstellung mit sich gebracht haben.* Ihre Adresse: *Hôtel de la Paix, 6, rue Blainville, Paris V.*[264] Ihr Gedicht *Hôtel de la Paix*, die Erfahrung der brüchig werdenden Existenz in ihrem dreißigsten Lebensjahr:

Die Rosenlast stürzt lautlos von den Wänden,
und durch den Teppich scheinen Grund und Boden.
Das Lichtherz bricht der Lampe.
Dunkel. Schritte.
Der Riegel hat sich vor den Tod geschoben.[265]

Kurz vor Neujahr 1957 kommt sie wieder in Rom an, *nicht ganz froh, über den Entschluß, Paris zu lassen*, aber sie war *so «unbehaust» in diesen Tagen*[266]. Mitte Jänner findet sie eine kleine Wohnung in einem Palazzo in der Via Vecchiarelli 38 – *«Bleiben» ist alles, was ich mir wünsche.*[267] Und: *[…] die Fremde ist ganz wahr geworden […] es gibt bald keinen Tag mehr, an dem nicht der Eisschauer niedergeht, nach dem man sich nur mehr aufrichtet, um vom nächsten hier erledigt zu werden.*[268] Sie hat sich verpflichtet, die Wohnung für mindestens ein Jahr zu mieten, aber im Juni sieht sie sich zu dem Münchenaufenthalt gezwungen – *für ein Jahr vorläufig, weil es hier nicht mehr weitergeht, die Krankheiten, die verlorene Arbeitszeit haben mich so in die Enge getrieben*[269]. Ab November 1957 arbeitet sie als Dramaturgin beim Bayrischen Rundfunk, am 1. Dezember bezieht sie eine Wohnung in der Franz-Josef-Straße 9a (*ums Eck ist natürlich der Habsburgerplatz*); *endlich* kann sie jetzt, schreibt sie am 1. Dezember 1957, das Hörspiel *Der gute Gott von Manhattan* fertigstellen, das sie in Italien nicht mehr abschließen konnte.[270] Es wird am 28. Mai 1958 zum erstenmal in einer Gemeinschaftsproduktion des Bayrischen und des Norddeutschen Rundfunks gesendet und erscheint außerdem, ungewöhnlich bei einem Hörspiel, als eigener Band der Piper-Bücherei. In einem Brief vom 14. Mai 1958 erinnert sie der Verleger Klaus Piper an «die Option auf ihren nächsten Roman», in dem ihre «Wiener Jahre» der «Ausgangspunkt» sein sollen. Piper schreibt auch von dem im Gespräch geäußerten «Wunsch, sich vom Sommer ab den Wohnsitz und die äußere Daseinsform zu suchen».

Bald nach diesen Erwägungen über ihr künftiges Leben erhält sie von dem Schweizer Schriftsteller Max Frisch, den sie bis dahin nicht persönlich kannte, einen Brief. Er habe im Hamburger Rundfunkstudio ihr Hörspiel *Der gute Gott von Manhattan* gehört, finde das Stück wichtig, man brauche das, Mann und Frau in der Literatur ... Anfang Juli begegnen sie einander in Paris, bald darauf zieht sie nach Zürich in Frischs Nähe. Sie hat *alles aufgegeben in München*, schreibt sie im November 1958 aus ihrer neuen Wohnung in der Züricher Feldeggstraße, *und mache die ersten Schritte in ein neues Leben hinein. Etwas ratlos und sehr glücklich [...]. Wir spielen manchmal mit dem Gedanken, für ein Jahr nach Rom zu gehen.*[271]

In dieser lebensgeschichtlichen Situation, in der sich das *Vorhaben: Ankommen* zu realisieren beginnt – bald genug wird es sich als Illusion erweisen –, setzt ein systematisches Nachdenken über ihr Werk ein. Nach der Diskontinuität im Leben und in der Arbeit der letzten Jahre nützt sie die Einladung zu den Poetik-Vorlesungen an der Universität Frankfurt 1959/60,

Ingeborg Bachmann mit dem Vorlesungsmanuskript bei den Frankfurter Poetik-Vorlesungen, Wintersemester 1959/60

um über die *Problemkonstante* ihrer literarischen Arbeit nachzudenken. Sie ist die erste Dozentin dieser berühmt gewordenen Vorlesungsreihe an der Universität Frankfurt. Unter *Problemkonstante* versteht sie die *unverwechselbare Wortwelt, Gestaltenwelt und Konfliktwelt*, die einen Dichter *als unausweichlich* erscheinen lassen. Je mehr der Dichter von seiner Aufgabe *zu wissen anfängt, desto mehr werden seine Werke begleitet von einer geheimen oder ausgesprochenen theoretischen Umsorge*[272], sagt sie in der ersten Vorlesung. Sie konzentriert sich auf wenige, für sie entscheidende Fragen, die auch den Zusammenhang ihres in auffallend viele literarische Gattungen und Formen zerfallenden Werks darstellen. Neben den Gedichten, mit denen man ihr damaliges Werk zu identifizieren pflegt, entstanden in den ruhelosen Jahren der zweiten Hälfte der fünfziger Jahre das Libretto *Der Prinz von Homburg* nach dem Schauspiel von Heinrich von Kleist, begleitet von dem Essay *Entstehung eines Librettos*; das Hörspiel *Der gute Gott von Manhattan* (vor allem 1957 in Italien und in den ersten Münchner Monaten im Herbst 1958 geschrieben); neue Formen poetischer Essays (*Was ich in Rom sah und hörte*, 1955, *Musik und Dichtung*, 1959) und neue lyrisch-essayistische Erzählungen, erinnernd an Musils Essay-Roman «Der Mann ohne Eigenschaften». Einige der bereits 1956/57 konzipierten Erzählungen veröffentlicht sie schon vor dem 1961 erschienenen Erzählband *Das dreißigste Jahr* separat in Zeitschriften-Publikationen.

Auf die Frage, was ihr am wichtigsten sei, ihre Lyrik, die Hörspiele oder die Prosa, antwortete Ingeborg Bachmann in einem Interview im Jänner 1963: «Die sind mir alle eins, Angriffe und Expeditionen in die eine Richtung, von verschiedenen Seiten aus, mit verschiedenen Mitteln. Notwendig ist mir nur, daß ich in einem für mich richtigen Augenblick Schreiben abbreche und Schreiben woanders aufnehme.» (Gespräche und Interviews, S. 41)

In den Frankfurter Poetik-Vorlesungen, gehalten unter dem Titel *Probleme zeitgenössischer Dichtung*, spricht Ingeborg Bachmann über die Aufgabe des Dichters, *seine Zeit zu repräsentieren, und etwas zu präsentieren, für das die Zeit noch nicht gekommen ist*[273]; über ihre Sprach-Utopie, die eine Ethik des Schreibens impliziert und Kunst und Moral nicht voneinander trennt – *Keine neue Welt ohne neue Sprache*[274]; über die veränderte Ich-Konzeption der Moderne, insofern sich *das Ich nicht mehr in der Geschichte aufhält*, sondern *die Geschichte im Ich*[275]; sie prägt die Formel vom *Ich ohne Gewähr*, das, *geschlagen* oder *verstümmelt*, der *Platzhalter der menschlichen Stimme* ist.[276] Und vor allem kommt sie immer wieder auf die *Erfahrung* als Voraussetzung des Schreibens zu sprechen, auf die *Leiderfahrungen*[277] zumal. Aber Ingeborg Bachmann spricht nicht nur über das *Ich ohne Gewähr*: Vom akademischen *Lehrstuhl aus* sprechend, nimmt sie sich, im fragenden und tastenden Denken, selber nicht aus von der unsicheren Situation des heutigen Ich.[278] Und sie spricht nicht nur über *Erfahrung*, die *einzige*

Lehrmeisterin[279]: Durch ein Denken in literarischen Konstellationen möchte sie *Erfahrung* und *Mitdenken* bei den Zuhörern *erwecken.* So konfrontiert sie zum Beispiel Marinettis Ästhetisierung des Kriegs – *«Der Krieg ist schön, weil er dank der Gasmasken, der schreckenerregenden Megaphone, der Flammenwerfer und der kleinen Tanks, die Herrschaft des Menschen über die unterjochte Maschine begründet»* – mit einem heutigen Antikriegsgedicht: *Und hier ist ein Gedicht von heute, in dem auch eine Gasmaske vorkommt […] und sehen Sie, in welch andre Beleuchtung die Gegenstände gerückt sind, die [die] Zerschlagung einer ganzen delirierenden Ästhetik signalisiert: «Bräutigam Froschkönig» von Marie Luise Kaschnitz: «Wie häßlich ist / Dein Bräutigam / Jungfrau Leben // Eine Rüsselmaske sein Antlitz / Eine Patronentasche sein Gürtel / Ein Flammenwerfer / Seine Hand […]».*[280] Mit wenigen Sätzen überantwortet Bachmann durch die kritische Konstellation – ein durchgehendes Darstellungsprinzip ihrer Poetik-Vorlesungen – den hier sichtbar werdenden männlich-destruktiven *Herrschaftsanspruch* der Kritik ihrer Zuhörer. Daran schließt die Vortragende ein Gedicht von Nelly Sachs, um die desaströsen Folgen von Krieg und Vernichtung in den Blick zu rücken: *«An euch, die das neue Haus bauen», uns erinnernd, auf welchem Grund wir bauen, auf wieviel Gräbern, Schandorten.*[281] Mit der ihr eigenen literarischen Folgerichtigkeit führt die zweite Vorlesung abschließend auf die Lyrik Paul Celans hin. *Mit einer Grabschrift, der «Todesfuge», ist er zuerst unter uns getreten, und mit sehr leuchtenden dunklen Worten, die eine Reise bis ans Ende der Nacht machten.* Und sie zitiert aus dem Gedicht «Engführung» die auf den Schluß zuführenden Verse: *«Ein / Stern / hat wohl noch Licht. / Nichts, / nichts ist verloren.»*[282] In ihrem Gedicht *Keine Delikatessen* (1963) wird Ingeborg Bachmann ein paar Jahre später diesen Versen ihre verzweifelte Version an die Seite stellen: *Mein Teil, es soll verloren gehen.*[283]

Reise bis ans Ende der Nacht, in dieser Wendung klingt der Titel von Célines Roman «Reise ans Ende der Nacht» an, den sie in der dritten Vorlesung, *Das schreibende Ich,* als Modell eines Schreibens vorstellt, das keinen *Trennungsstrich* zuläßt *zwischen Autor und Ich. «Ich hatte soeben mit einemmal den ganzen*

Krieg entdeckt», zitiert Bachmann aus Célines Roman, den sie als *halsbrecherischen Versuch* liest, als *Notschrei* gegen den Ausnahmezustand der Gewalt.[284] Sie ist bei ihrem Thema, der Evokation der Ungeheuerlichkeit des Kriegs, und Célines Romantitel könnte als Untertitel vieler ihrer eigenen Werke stehen. Eine Reise bis ans Ende der Nacht stellte der erste Traum in ihrem Hörspiel *Ein Geschäft mit Träumen* dar (1952), ein Kriegstraum, in dem ein Angriff über eine Gruppe von Menschen hereinbricht, deren Entsetzen zu einem einzigen *Notschrei* wird. Als eine *Reise der untersten Nacht entgegen* kann man die Träume in *Malina* (1971) bezeichnen, die auf die Einsicht zutreiben: *Es ist immer Krieg. / Hier ist immer Gewalt. / Hier ist immer Kampf. / Es ist der ewige Krieg.*[285]

Der Krieg ergibt eine durchgehende Bedeutungslinie in der *unverwechselbare[n] Wortwelt, Gestaltenwelt und Konfliktwelt* der Vorlesungen. Es wird bis heute zuwenig beachtet, wie tiefgreifend die Auseinandersetzung mit dem Krieg auch ihre poetologischen Texte bestimmt, die Frankfurter Vorlesungen genauso wie die Rede zum Preis der Kriegsblinden, *Die Wahrheit ist dem Menschen zumutbar* (1959), oder einige ihrer literaturkritischen Essays. Bei der Interpretation von Musils Roman «Der Mann ohne Eigenschaften» muß von ihr *erst klargestellt werden, daß das umfassende Problem des Romans der Krieg ist. Alle Linien, die Musil nachgezogen hat, führen zum Krieg*[286]. In Marcel Prousts «Auf der Suche nach der verlorenen Zeit» sieht sie, vom letzten Band her, *die entdeckten Wahrheiten in e i n e Bilanz ein[gehen]*: Der Autor führt uns *in das Paris des Ersten Weltkriegs. [...] Es ist die Zeit, in der, außer dem Krieg, alles außer Kraft gesetzt ist.*[287] Sie bemerkt an den Hauptfiguren die *Stigmen, die der Krieg ihnen aufdrückte* und insgesamt am Roman die *tiefe überraschende Wirkung*, die *der Krieg* auf ihn *ausgeübt hat*. Es erscheint ihr wichtig zu eruieren, wie Proust *seine Menschen sich pathologisch weiterentwickeln läßt unter dem Schock des Krieges.*[288]

Selbst in den scheinbar ihren Intentionen entzogenen literarischen Arbeiten, wie den Ungaretti-Übersetzungen (1961) – *[...] ich bin / in der Schleuder der Zeit / nichts als ein Splitter zerfressener Steine / der unvorhergesehenen Stra-ße / des Kriegs*[289] – oder

Giuseppe Ungaretti

San Martino del Carso

Di queste case
non e rimasto
che qualche
brandello di muro

Di tanti
che mi corrispondevano
non e rimasto
neppure tanto

Ma nel cuore
nessuna croce manca

E il mio cuore
il paese piu straziato

Ingeborg Bachmann

St. Martin vom Karst

Von diesen Häusern
ist nichts geblieben
als ein paar Fetzen Mauer

Von so vielen
die mit mir waren
ist nicht einmal
soviel geblieben

Aber im Herzen
fehlt kein Kreuz

Es ist mein Herz
das zerstörteste Land

(Ingeborg Bachmanns Ungaretti-Übersetzungen sind zuerst 1961 im Suhrkamp Verlag erschienen, zit. n. Werke, Bd. I, S. 548)

dem *Homburg*-Libretto nach Kleists Schauspiel, stößt sie auf die Darstellung des Kriegs, den sie in eine andere Beleuchtung zu rücken versucht. Wenn man verstehen will, was ihren spezifischen Begriff politischer Dichtung ausmacht, lese man ihre Reflexionen zur *Entstehung eines Librettos.*

Sie habe, *vor die Aufgabe gestellt*, Kleists Schauspiel «Prinz Friedrich von Homburg» als Libretto einzurichten, gezögert: *[...] konnte man das Stück noch lieben, wenn Brandenburg wieder Brandenburg war und bei dem Kanonendonner, der den Prinzen zurück ins Leben ruft, sich die schlimmsten Assoziationen einstellten? Einer Generation zugehörig, die nicht nur dem Volk mißtraute, das seine Klassiker politisch mißbraucht hatte, sondern auch den Dichtern mißtraute, deren Werke sich so mißbrauchen hatten lassen*, kam sie *nicht los von dem Gedanken an jenes Gedicht von Brecht «Über Kleists Stück ‹Der Prinz von Homburg›».*[290] Ingeborg Bachmanns Umdeutung des Kleistschen Stücks führt aber von Brecht weg in Richtung ihrer eigenen literarischen Erfahrungspoetik. Die Oper kommt ihrem ästhetischen Sinn für die Bilder des Leidens entgegen, die sie, von der Zwischenmusik unterstützt, in ihrem Libretto mit großer evokativer Wirkung ausstattet. Ein solches stummes Zwischenbild kommentiert die Schlacht, in die Homburg aufgebrochen ist: *Es wird dunkel. Lichter fern und flüchtige Bilder der Schlacht.* Dann die ebenfalls neu eingebaute Szene: *Die gleiche*

Der Prinz von Homburg, 3/X, Hamburgische Staatsoper, 22. Mai 1960. Ingeborg Bachmann geht es in ihrem Libretto «Der Prinz von Homburg» um Kleists Idee einer utopischen Legitimität, «durch die der Staat einsichtig werden könnte, die Gerechtigkeit lebbar wird, Freimut kein Wagnis ist». (Entstehung eines Librettos, Bd. I, S. 371f.)

Szene. Es ist wieder Morgen; über der Gegend liegt jedoch ein trübes, elendes Licht. Auf Bahren werden Verwundete und tote Soldaten über das Feld getragen.[291] Mit dem Verweilen bei der stummen Szene und mit der «Einführung einer neuen Szene, in der der Prinz, auf dem Bittgang ins Schloß, auf dem Wege zur Kurfürstin, sein Grab von den Totengräbern schaufeln sieht», widerspricht Ingeborg Bachmann, wie Hans-Jürgen Schlüter bemerkt hat, «der älteren Aufführungstradition» vor allem dort, «wo diese die Todesfurchtmotivik zu überspringen oder zu umgehen trachtete».[292] Durch die Vergegenwärtigung der kreatürlichen Angst – sie rückt den bei Kleist im Präteritum erzählten Text ins szenische Präsens – vernichtet sie, über den Kleistschen Text hinausgehend, *die heroische Welt und ihren trügerischen Anspruch.* So erscheint der Prinz *uns darum nah,* weil er *kein Held mehr* ist, sondern *komplexes Ich und leidende Kreatur in einem.*[293]

Was sie an Kleists Schauspiel rühmt, ist die Sprach-Utopie. Der schlechten Sprache der Wirklichkeit – den trügerischen

Ehren der Welt des Kriegs – sieht sie den noch nie verwirklichten Sprachtraum entgegentreten: *durch den ständigen Lichteinfall der Sprache und einer Freiheit, die nicht eigens ihre Verkündigung braucht, sondern sich durch die Sprache fühlbar macht, eine große Klarheit und Helligkeit.*[294]

In ihrer fünften und letzten Vorlesung in Frankfurt hat Ingeborg Bachmann das *Utopia der Sprache* als Richtpunkt für die zeitgenössische Literatur und für ihr eigenes Schreiben bestimmt: *Denn dies bleibt doch: sich anstrengen müssen mit der schlechten Sprache, die wir vorfinden, auf diese eine Sprache hin, die noch nie regiert hat, die aber unsere Ahnung regiert und die wir nachahmen.*[295] Die schlechteste Sprache aber, die wir vorfinden, ist die des Kriegs. Schreiben, das war bei ihr vor allem der Widerspruch zum herrschenden Kriegsgesetz.

Für diesen Tag will ich die Worte frisch halten, heißt es in einem unveröffentlichten Gedichtentwurf, der den Titel von Bertha von Suttners Antikriegsroman «Die Waffen nieder!» trägt: *Für den Tag unbekannt, an dem die Arbeit an den Waffen still steht [...].*[296] Das Gedicht entstand in der Zeit um 1957, als sich Ingeborg Bachmann im Rahmen der Friedensbewegung gegen die atomare Bewaffnung der Bundesrepublik Deutschland in der politischen Öffentlichkeit zu äußern begann.[297] Damals schrieb sie auch das Gedicht *Freies Geleit*, das Hans Werner Henze als «Aria II» in seine «Nachtstücke und Arien» aufgenommen hat. Eines der schönsten Gedichte gegen den Atomkrieg.

Freies Geleit (Aria II)

Mit schlaftrunkenen Vögeln
und winddurchschossenen Bäumen
steht der Tag auf, und das Meer
leert einen schäumenden Becher auf ihn.

Die Flüsse wallen ans große Wasser,
und das Land legt Liebesversprechen
der reinen Luft in den Mund
mit frischen Blumen.

Die Erde will keinen Rauchpilz tragen,
kein Geschöpf ausspeien vorm Himmel,
mit Regen und Zornesblicken abschaffen
die unerhörten Stimmen des Verderbens.

Mit uns will sie die bunten Brüder
und grauen Schwestern erwachen sehn,
den König Fisch, die Hoheit Nachtigall
und den Feuerfürsten Salamander.

Für uns pflanzt sie Korallen ins Meer.
Wäldern befiehlt sie, Ruhe zu halten,
dem Marmor, die schöne Ader zu schwellen,
noch einmal dem Tau, über die Asche zu gehn.

Die Erde will ein freies Geleit ins All
jeden Tag aus der Nacht haben,
daß noch tausend und ein Morgen wird
von der alten Schönheit jungen Gnaden.[298]

Das Gedicht spricht im Namen der Erde als Schöpfung. Nicht den Menschen untertan, will sie in Solidarität mit den Menschen und allen anderen Lebewesen leben. Die Idee der Freundschaft mit der Erde, aufbewahrt in den Märchen und Träumen der Menschheit oder in einem philosophischen Begriff der Natur, der sie gleichsam ausreden läßt, wird ohne jeden theoretischen Zug mit einer fast franziskanischen Einfalt sinnfällig gemacht. Die großen revolutionären Ideale, Freiheit, Gleichheit, Brüderlichkeit – und Schwesterlichkeit –, sind auf Mensch und Natur übergegangen, so daß die alten feudalen Titel *König*, *Hoheit* und *Feuerfürst* den einzelnen Wesen einen neuen Glanz verleihen, eine Würde, die niemand mehr bevorrechtet und allen gilt. Die letzte Strophe des Gedichts spricht indirekt davon, daß genug Nacht ist jeden Tag und daß das Ende noch immer zu früh kommt, auch nach tausend Morgen. Wie Scheherazade in «Tausenundeine Nacht» den grausamen Willen des Herrschers durch die Weisheit und Lebensfreude ihrer Geschichten veränderte, nicht anders versteht sich die

‹Politik› von Ingeborg Bachmanns Gedicht: Es versammelt all die Schönheit und den Sinn, welchen die Menschen ihrer Erde zugesprochen haben, und überantwortet sie mit dialektischer Klugheit der Erde – zur Fürsprache bei den Menschen, damit sie *ein freies Geleit* erhält.

In Ingeborg Bachmanns Hörspiel *Der gute Gott von Manhattan* (1958) wird zum erstenmal in ihrem Œuvre der im Frieden verdeckt geführte Krieg, die *Todesarten*-Thematik, zur durchgehenden Bedeutungslinie eines größeren literarischen Werks. Ein Kriminalfall, die Ermordung von Liebespaaren, wird zum Anlaß, die gesellschaftliche *Sprengkraft* der Liebe und die gesellschaftliche Dimension des Liebesmords vor Gericht zu verhandeln. Der des vielfachen Mords angeklagte *gute Gott* repräsentiert im Hörspiel die allgemeine *Ordnung*, die *große Konvention.* Die Liebenden, Jan und Jennifer, und zuletzt nur mehr Jennifer allein, haben im *anderen Zustand* der Liebe die herrschende Ordnung hinter sich gelassen. Sie sind hinübergewechselt in die utopische *Gegenzeit* [299], die alles Bestehende in Frage stellt und deshalb die größte Gefahr darstellt für die Welt, wie sie ist: *Ich glaube an eine große Konvention und an ihre große Macht, in der alle Gefühle und Gedanken Platz haben, und ich glaube an den Tod ihrer Widersacher*, heißt das Credo des guten Gottes. *Ich glaube, daß die Liebe auf der Nachtseite der Welt ist, verderblicher als jedes Verbrechen, als alle Ketzereien. Ich glaube, daß, wo sie aufkommt, ein Wirbel entsteht wie vor dem ersten Schöpfungstag.* [300] Mit einer an Brecht erinnernden Verfremdung – der Titel des Hörspiels stellt ja die Beziehung zu *Der gute Mensch von Sezuan* her – wird der des vielfachen Mordes angeklagte *gute Gott* im Verlauf der Gerichtsverhandlung, ähnlich den drei «guten Göttern» bei Brecht, zum *Kronzeugen* der herrschenden Ordnung und eines *annehmbare[n] Status innerhalb der Gesellschaft.* Dieser Verteidigung der Ordnung kann zuletzt auch der Richter seine Anerkennung nicht versagen: *Etwas anderes ist nicht möglich und gibt es nicht.*

Guter Gott *Weil ich es ausgerottet und kaltgemacht habe. Ich habe es getan, damit es Ruhe und Sicherheit gibt, auch damit Sie hier ruhig sitzen [...] und der Gang aller Dinge der bleibt, den wir bevorzugen.*[301]

Durch die blasphemische Verbindung von Utopie- und Todesarten-Thematik gelingt es Ingeborg Bachmann in ihrem letzten Hörspiel, in der herrschenden Sprache wie in den gesellschaftlichen Instanzen und Institutionen einen einzigen *Mordschauplatz* sichtbar zu machen. Geschichte und kulturelle Überlieferung nehmen sich in dieser Beleuchtung wie das Schauerstück aus, das in einer Szene von den Eichhörnchen, den *blutrünstigen Hauptleuten* des *guten Gottes*, auf einer mit Phosphor bestrichenen Bühne aufgeführt wird. In all den vorgespielten klassischen *Liebesgeschichten*, von Orpheus und Eurydike, von Tristan und Isolde, Romeo und Julia, um nur die bekanntesten zu nennen, kann man *viel Blut sehen, riechen und schmecken: Tot. Zerrissen. Zu Ende!*[302] Die dramaturgische Funktion des *guten Gottes*, dessen Macht in die Geschichte zurückverlängert wird, entspricht der Beschreibung, die Bachmann für die *Vaterfigur* im Roman gegeben hat: *Ein Realist würde wahrscheinlich viele Furchtbarkeiten erzählen, die einer bestimmten Person oder Personen zustoßen. Hier wird es zusammengenommen in diese große Person, die das ausübt, was die Gesellschaft ausübt.*[303]

So schreiend und grell diese Hörspieldramaturgie erscheinen mag, die Kritik der fünfziger Jahre wußte mit ihrem *fatale[n] Applaus* aus mystischen Phrasen den hier vorgeführten Mord hinwegzuerklären. «Jennifer ist allein auf der schrecklichen Höhe verbrannt, wo sich das Wesen hinter keiner Maske verbirgt», schrieb Werner Weber in einer Rezension in der «Neuen Zürcher Zeitung»: «Der Richter, der gute Gott – der Zeuge hat alles erzählt. Schuld? Ingeborg Bachmann fühlt, denkt, gestaltet in diesem Spiel auf dem Mythenboden, wo nicht Rechnen und nicht Wägen herrscht, sondern Sein im ältesten Verhältnis. Sie legt ein Gewebe weiter Erfahrung in mühelosem Ernst hin, Hohelied-Ton in die Trockenheit alltäglichen Vorgangs gemischt, die mystisch-orphische Aussprache seliger Sehnsucht.»[304] Als 1970 in der Zeitschrift «Merkur» eine Diskussion um das Hörspiel der fünfziger Jahre am Beispiel von *Der gute Gott von Manhattan* geführt wurde, griff Wolf

Wondratschek genau auf diese Zeitungsrezension zurück, statt das Stück neu zu lesen und sich gegen diese irrationale Vernebelung zu wenden, die ihm noch 1970 den Blick verstellte für die Politisierung der Liebe in Bachmanns Text.[305] Dabei waren doch im Umkreis der Studentenbewegung die theoretischen Bücher gelesen worden, die eine Vorstellung von der gesellschaftlichen Brisanz der Liebe in Ingeborg Bachmanns Hörspiel ermöglicht hätten, Sigmund Freuds «Das Unbehagen in der Kultur», Herbert Marcuses «Triebstruktur und Gesellschaft», ein Buch, das Ingeborg Bachmann ihren Freunden empfahl, oder Robert Musils «Tagebücher» – in denen man das gedankliche Modell des Hörspiels gefunden hätte: «Statt nur zu sagen: er war verliebt, irgendwie exzentrisch – kann man diesen anderen Mittelpunkt ernst nehmen und eine komplette Weltorientierung darum konstruieren.»[306]

Zürich, Rom, Berlin

Max Frisch

Das Datum der ersten Begegnung von Ingeborg Bachmann und Max Frisch, der *3. Juli 1958*, steht in *Malina*. Es ist das einzige vollständig angegebene Datum im Roman. Das weibliche Ich blickt *bestürzt* auf dieses Datum: ein Tag, *sicher noch ohne Kopfschmerzen, ohne Angstzustände, ohne unerträgliche Erinnerungen, [...] ein leerer oder ausgeraubter Tag, [...] an dem ich mich nicht gewehrt habe und etwas geschehen ließ.*[307] Der Tag liegt, nach der Zeitrechnung des Romans, vor den Jahren der *verschwiegenen Erinnerung*. Das Ende dieser nicht erzählten Geschichte könnte jener *19. September* (1962) sein, an dem, wieder nach der Chronologie des Romans, ein Ring zurückgegeben wurde, der von nun an nicht mehr gelten sollte.[308]

Niemand *nimmt sich auch nur Zeit, nachzurechnen, denn mit ein wenig Rechnen [könnte] man die X und Y aufklären*[309], sagt Malina in einem nachgelassenen Textfragment der *Todesarten*-Romane, das sich um den verschwiegenen Zusammenhang von Literatur und Verbrechen dreht. Die Literaturwissenschaftlerin Monika Albrecht hat nachgerechnet und in einer minutiösen Untersuchung den Nachweis geführt, daß sich in jedem Roman des *Todesarten*-Zyklus *die X und Y* auf die Beziehung mit Max Frisch beziehen, was nicht bedeutet, daß *Malina, Der Fall Franza, Requiem für Fanny Goldmann* oder der Goldmann / Rottwitz-Roman in einer persönlichen Abrechung aufgehen.

Ingeborg Bachmann fühlte sich nach der Trennung von Max Frisch wie vernichtet, vor allem, weil sie den Roman «Mein Name sei Gantenbein», den Frisch nach dem Ende ihres Zusammenlebens veröffentlichte, als Zerstörung ihrer Person empfand. Sie hatte sich im zentralen weiblichen Figurenentwurf, der Schauspielerin mit dem Namen Lila, wiedererkannt und sah sich in ihren privaten Beziehungen dem Literaturmarkt preisgegeben. Die Themen, die nun jeder ihrer Romane ansprechen wird, sind die *Verbrechen*, die man *Indiskretion oder Hochverrat am anderen nennen kann*[310], die nicht mehr gut zu machenden persönlichen Verletzungen und die verzweifelten Versuche, die verlorene Ehre wiederherzustellen.

Max Frisch, 1959, in der gemeinsamen Wohnung in der Via Giulia in Rom

Auf der anderen Seite hat auch Max Frisch nicht aufgehört, sich mit der gemeinsamen, fast fünf Jahre dauernden Beziehung literarisch auseinanderzusetzen. Bei ihm reicht die Linie der verborgenen oder offenen Auseinandersetzung von «Mein Name sei Gantenbein» (1964) über die autobiographische Erzählung «Montauk» (1975) zum dritten Bild in «Triptychon mit Dame» (1981) und zur Kriminalerzählung «Blaubart» (1982).

In «Montauk» (1975) hat Max Frisch die Geschichte seiner Beziehung zu Ingeborg Bachmann in ungewöhnlich privaten Erinnerungen erzählt. Er habe, nachdem er im Mai 1958 im Hamburger Sender Bachmanns Hörspiel *Der gute Gott von Man-*

hattan gehört hatte, der Dichterin, die er «persönlich nicht kannte», einen Brief geschrieben: «wie gut es sei, wie wichtig, daß die andere Seite, die Frau, sich ausdrückt. […] Wir brauchen die Darstellung des Mannes durch die Frau, die Selbstdarstellung der Frau.» [311] Sie kam zur Aufführung des Züricher Schauspielhauses, das mit Frischs «Biedermann»-Stück am 2. und 3. Juli 1958 in Paris gastierte, und sie trafen einander im Café vor dem Theater. Wie in der Begegnungsszene von Enderlin und Lila im «Gantenbein»-Roman gingen sie dann nicht zur Aufführung, sondern blieben die Nacht beisammen, bis zum ersten Kaffee bei Morgengrauen in den Pariser Hallen, wo «die Metzger mit den blutigen Schürzen» an den Nebentischen standen. [312] Auch hier, in «Montauk», steckt im Kompositum «Morgengrauen» die bei Frisch oft thematisierte Doppeldeutigkeit von «grau» und «Grauen», die Bachmann als Anspielung in das letzte Schreckensbild des Traumkapitels von *Malina* hineingewoben hat. [313] Es folgt die Beschreibung des Versuchs eines gemeinsamen Lebens in Zürich: «Die klare Erkenntnis», daß diese Beziehung «nicht länger als vier Wochen» «lebbar» sei. [314] Nach einer ersten Trennung habe er sich, wieder im Morgengrauen auf einer Reise, für ein Leben mit ihr entschieden. Sie leben sieben Monate in Zürich zusammen, dann erkrankt Frisch im Mai 1959 an einer schweren Hepatitis. Er habe sie weggeschickt und nach seiner Gesundung aus Rom zurückgeholt. «In Zürich der Versuch mit zwei Wohnungen; sie wohnt in dem Haus, wo Gottfried Keller als Staatsschreiber gewohnt hat.» Im Herbst 1959 habe er ihr, die wieder in Rom weilt, in einem Brief die Ehe angetragen, aber sie sei darauf nicht eingegangen. «Später ziehen wir zusammen nach Rom, Via Giulia 102». Das Gerücht der «Verehelichung geistert durch Zeitungen […]. Glaubt man ihr die Freiheit nicht? […] wir sind ein Paar, eine Art von Paar, es ist kaum noch zu verheimlichen.» [315] Die Erfahrungen als Mann, die Frisch mehrmals anspricht, heißen «Hörigkeit» und «Eifersucht», sie sind, in seiner Rechnung, «der Preis» für den «Glanz» ihrer «Freiheit». [316] Er gesteht, daß er Briefe von ihr gelesen hat, die nicht für ihn bestimmt waren. Sie hätten das «Ende nicht gut bestanden», «beide nicht».

Er habe von ihr, beim letzten Zusammentreffen mit ihr, «1963 in einem römischen Café», erfahren, daß sie «in jener Wohnung, Haus zum Langenbaum», in Uetikon am See, sein Tagebuch in einer verschlossenen Schublade gefunden habe, «sie hat es gelesen und verbrannt».[317] Im anschließenden Teil des Lebensrückblicks in «Montauk», der unter dem Titel «My life as a man» steht, beschreibt er den Abschied von ihr, ein halbes Jahr vor dem römischen Treffen, als er Ende 1962 nach Amerika aufbrach und sie in der Bircher-Benner-Klinik in Zürich zurückließ, nicht bereit, seine Pläne zu ändern.[318]

Das «blaue Haus» in der Feldeggstraße, von dem in Max Frischs «Gantenbein»-Roman die Rede ist. Ingeborg Bachmanns erster Wohnsitz in Zürich im Herbst 1958

In den «Montauk»-Passagen blendet Frisch den «Gantenbein»-Roman aus, obwohl seine Erinnerung an Ingeborg Bachmann nun doch so offensichtlich den biographischen Hintergrund des Romans und der dort thematisierten «Geschichte» nachliefert. Diese Ausblendung des Mannes als Autor scheint dem Montaigne-Motto von «Montauk» zu folgen, demzufolge sich der Verfasser mit diesem Buch kein anderes Ziel denn «ein häusliches und privates» vorgenommen habe. «So bin ich selber, Leser, der einzige Inhalt meines Buches.»[319] Aber er selber, Max Frisch, war für Bachmann auch der Autor des «Gantenbein»-Romans, und der blieb für ihr «häusliches und privates» Leben als nie verwundene Verletzung gegenwärtig, so souverän sie zuletzt mit *Malina*, ihre literarische Version von «Mein Name sei Gantenbein» – *Mein Name?/Malina*[320] –, auf Frischs Roman antwortete.

«Ein Mann hat eine Erfahrung gemacht, jetzt sucht er die Geschichte dazu – man kann nicht leben mit einer Erfahrung, die ohne Geschichte bleibt, scheint es»[321], das ist im «Gantenbein»-Roman die Grundformel für das fiktionale Spiel mit den

Rom 1962, in der Wohnung in der Via de Notaris

Figuren- und Handlungsentwürfen, die sich um sein Leben «mit einer großen Schauspielerin» drehen. «Ihr Name sei Lila.»[322] Bachmanns Antwort darauf waren, nach einem Schreckensabstand von ein paar Jahren, ebenfalls «Geschichten». Sie wollte den fiktiven Lila-Geschichten zu ihrer Person ebenfalls mit «Geschichten» antworten, mit dem Anspruch, der verborgenen *wirklichen Geschichte, unter den lauten, unwirklichen,* zu ihrem Recht zu verhelfen.[323] Das nahm mehrere Jahre in Anspruch und bedeutete mehrere tausend nicht publizierte Prosaseiten, Geschichten von Tätern und Opfern, von der Ausschlachtung des Privaten durch die männlichen Täter auf der einen Seite, von bestohlen werden, *aufgeblättert* sein, zum *Fall* gemacht, in die Krankheit getrieben und ermordet werden auf der anderen Seite. Sie nannte diese Verbrechen, die wir üblicherweise *kaum wahrnehmen und begreifen*[324], *Todesarten.* Vielleicht in Anspielung auf Brechts Hinweis auf die vielen «Arten zu töten», von denen die meisten als gesellschaftlich selbstverständlich hingenommen werden. «Es gibt viele Arten zu töten. Man kann einem ein Messer in den Bauch stecken, einem das Brot entziehen, einen von einer Krankheit nicht heilen, einen in eine schlechte Wohnung stecken, einen durch Arbeit zu Tode schinden, einen zum Selbstmord treiben, einen in den Krieg führen usw. Nur weniges davon ist in unserem Staate verboten.»[325] Im Vordergrund von Bachmanns Begriff der *Todesarten* stehen die privaten Verbrechen, bei denen jemand in den Tod getrieben wird, ohne daß Polizei oder Rettungswagen zu Hilfe kommen. Man wartet einfach ab, tut nichts Besonderes, drückt dem *anderen die Schlafmittel in die Hand*, oder es stellt *sich einfach eine Krankheit* ein. *Wenn man lange genug wartet, kommt ein Zusammenbruch, es kommt ein langes oder ein kurzes Ende. Manche überleben das ja, aber man überlebt es eben nur.*[326]

Ingeborg Bachmann in Rom, 1962, aufgenommen von ihrem Bruder Heinz

Allen *Todesarten*-Geschichten ist gemeinsam: daß sie nicht fertiggestellt und daß sie zu Lebzeiten nicht publiziert wurden, weil sich im Formproblem etwas verbarg, was mit dem Verhältnis zum anderen zu tun hat. Man dürfe niemanden *zu Ende definieren*, hieß diese ästhetische und zugleich ethische Einsicht, der sich die Autorin unterwarf.[327] Ende 1966 resümierte sie das Scheitern des ersten, bereits sehr weit geführten Romans *Der Fall Franza*. Sie habe *plötzlich begriffen*, schreibt sie am

25. November 1966 an den Piper Verlag, *daß es so nicht geht. Es sind nicht nur die schlechten Stellen und manche Seiten, die mich stören, […] das Manuskript kommt mir wie eine hilflose Anspielung auf etwas vor, das erst geschrieben werden muß, – das Aergste ist, dass ich jetzt merke, in welcher Verfassung ich vor einem Jahr noch war.*[328]

Das einzige Buch, das sie aus dem geplanten *Todesarten*-Zyklus veröffentlichte, war *Malina*, aber das war *das Buch*, das sie schon lange vor der Beziehung mit Max Frisch schreiben wollte. Ein Buch, das gerade keine Geschichte erzählte und mit dem die Autorin zu ihrer viel älteren Problematik von «Liebe und Autorschaft» zurückkehrte.[329] Die biographische Spur zu Frisch ist in *Malina* nur mehr eine unter vielen Textspuren. Die kriminologischen Intentionen des Erzählens sind, genauso wie die Genre-Elemente des Schauerromans, zugleich spielerisch kompositorische Elemente in einem polyphonen Textgewebe. Sogar die persönlichen Daten, ob es das der Begegnung oder der Trennung ist, werden von einer schauspielerischen Ironie gestreift, als probierte das sprechende Ich «Geschichten an wie Kleider»[330]. Das

Das Romanvorhaben «Todesarten» (1962) bezeichnet den Beginn einer zehnjährigen, von Konzeptionsänderungen, Abbrüchen und Neuansätzen gekennzeichneten Arbeit. Nur «Malina», als «Ouverture» dieser «Studie aller möglichen Todesarten» gedacht, wird 1970 fertiggestellt. Nach der Ägyptenreise 1964 wird die Arbeit am ersten «Todesarten»-Roman wieder zurückgestellt und (zunächst ebenfalls unter dem Titel «Todesarten») der spätere «Franza»-Roman begonnen. 1964/65 entwirft die Autorin auch Passagen zu einem «Wüstenbuch», das, genetisch mit der Büchner-Preis-Rede und der Wüstenreise im «Franza»-Roman verbunden, 1965 aufgegeben wird. Das schon weit gediehene «Buch Franza» wird im Herbst 1966 abgebrochen, und auch der Roman «Requiem für Fanny Goldmann», mit dem Bachmann 1966 auf den Fanny-Stoff des ersten «Todesarten»-Romans zurückgriff, wird im gleichen Jahr wieder aufgegeben. Nach diesen Abbrüchen wird mit der Figur Malina eine neue Erzählinstanz erprobt, die dann den Goldmann/Rottwitz-Roman (1967–1969) bestimmt und für den Roman «Malina» (1967–1970) wichtig wird. Seit diesem letzten Neuansatz um 1966/67 entstehen unter dem Arbeitstitel «Wienerinnen» eine Reihe neuer Erzählungen (die meisten 1972 unter dem Titel «Simultan» publiziert). Die Veröffentlichung der weitgehend fertiggestellten Erzählung «Gier» kommt nicht mehr zustande, und der Goldmann/Rottwitz-Roman ist Fragment geblieben.

Datum, an dem der Ring nicht mehr gelten sollte, der 19. September, ist Teil eines komischen Spiels mit dem *verdammten Ring*, den das Ich schon *kaum mehr tragen kann* und den es ihm *gerne ins Gesicht geschmissen* hätte oder *in die Klosettmuschel: aber dann kam es mir zu einfach, zu praktisch und zu richtig vor, ich wollte mein Drama haben*, und sie bekommt ihr Drama, indem sie den Ring *auf der Donaubrücke im ersten Winterwind* in die Donau warf, die *voll von Ringen* ist, denn *jeden Tag wird ein Ring von den Donaubrücken zwischen Klosterneuburg und Fischamend im kalten Winterwind oder im heißen Sommerwind von einem Finger gezogen und hineingeworfen.*[331] Damit ist aber andererseits nicht gesagt, daß die Ironie, die in *Malina* anklingt, die reale Verletzung durch den Liebesverrat im Leben überwunden hätte. Wie die Werke nicht in der persönlichen Erfahrung aufgehen, gehorcht auch das Leben nicht der Maßgabe der literarischen Werke. Es gibt außerdem in der fiktiven Welt des Romans eine Ebene, auf der jeder Schein von Harmlosigkeit aufhört, die anprobierten Kostüme in die Haut schneiden und die Schauspielerin sich im Orchestergraben der großen Oper ihres Vaters den Hals bricht. Es ist die Welt des Traums im zentralen Kapitel von *Malina*.

In der Zeit der Trennung von Max Frisch erkrankt Ingeborg Bachmann. Mehr als jemals zuvor interpretiert sie ihre Krankheit als Reaktion auf eine kränkend erfahrene Realität. Nach einem Nervenzusammenbruch versucht sie in mehreren Krankenhausaufenthalten, zuerst in Zürich, dann in Berlin, von ihrer Alkoholabhängigkeit, zu der die Medikamentenabhängigkeit kam, frei zu werden. Die ab 1962 / 63 massiv auftretenden Krankheitssymptome, die selbstdestruktiven Impulse, die Zusammenbrüche und vergeblichen Entziehungskuren, das ganze körperliche und psychische Elend eines leidenden Menschen, beginnt sie nun als Voraussetzung und Antrieb eines seismographischen Schreibens zu reflektieren. Die Büchner-Preis-Rede (Herbst 1964) wird für sie zum Anlaß, über den kranken Lenz nachzudenken. Selber einer Behandlung nach der anderen unterworfen[332], nach Krankenhausaufenthalten in der Bircher-Benner-Klinik in Zürich und im Berliner Martin-Luther-Krankenhaus, sieht sie sich in der Nachfolge des kranken Lenz. *Die Krankheit ist in der Zeit, sie ist mit dem Lenz, dem wandernden, dem dahinlebenden, auch nicht erst in die Welt gekommen, und sie wird zuendegewandert in unseren Krankenhäusern, […].*[333]

Zürich, Kronenhalle, März 1962. Ingeborg Bachmann gegenüber von Friedrich Dürrenmatt

Der Wahnsinn, die Nerven, das sind die sichtbaren Niederlagen in einer total gesunden Welt, […] es sind also die Kranken, [auf] die zu zählen ist und denen das Gefühl für Unrecht und Ungeheuerlichkeit noch nicht abhanden gekommen ist. Krankheiten, *Süchte, Verzweiflungen*, heißt es weiter in diesem frühen Entwurf zur Büchner-Preis-Rede, sind nicht einfach *der Ausdruck einer Veranlagung, einer Nichtangepaßtheit, einer Tollheit*, sondern *der physische, psychische Ausdruck für etwas Unerträgliches, also der Ausdruck einer Niederlage vor der Realität.* Vom Schreiben werde *niemand verrückt, sondern verrückt nur wie jeder Nichtschreibende auch, von der Anmaßung, der Gewalt, der nackten Brutalität, von dem Verlust seiner Ehre, der Bedrohung seiner Existenz.*[334]

Es ist hier nicht von «Krankheit als Metapher» die Rede, sondern von der «condition» des zugrunde gerichteten Menschen, von etwas, was sich gerade der Metapher und dem gängigen literarischen und philosophischen Gerede verweigert: *[…] Schmerzen, die keinen lauten Schrei vertragen, die Hoffnungslosigkeit, die keine Kundgebung verträgt. Heikle Zeiten für die Literatur, heikel das auch zu sagen, weil es die Mode wegsagt, weil es ihr längst gelungen ist, das was nicht wahr daran ist, zu formulieren und einen Gassenhauer aus der Not zu machen, den philosophischen, den literarischen, den kritischen.*[335]

Sie war nach der Trennung von Max Frisch im Frühjahr 1963 nach Berlin gezogen, wohnte zuerst in der Akademie der Künste, dann in der Königsallee 35. Freunde hatten ihr ein Stipendium der Ford-Foundation verschafft, das sie in Berlin zur selben Zeit wie der polnische Schriftsteller Witold Gombrowicz antrat. Was sie *voneinander begriffen haben*, schreibt sie in ihrer Erinnerung an Gombrowicz, ist, *daß wir verloren waren, daß dieser Ort nach Krankheit und Tod riecht, für ihn auf eine Weise, für mich auf eine andre.*[336] *Subventionierte Agonie* hat sie den Berliner Stipendien-Aufenthalt genannt.

Um eine Krise in Berlin geht es in der Büchner-Preis-Rede, um *Deutsche Zufälle*, so der erste Titel, der in der Buchausgabe zu *Ein Ort für Zufälle* (1965) verändert wurde. Geradezu provokant antipolitisch geht es ihr aber nicht um die vielberedete Berlin-Krise, sondern um die körperliche und psychische Krise eines anonymen Kranken an diesem Ort, jemanden, der sich im Krankenhaus den destruktiven Erfahrungen der Stadt ausgesetzt findet. Die Grenzen zwischen Ich, Anstaltsgebäude und Großstadt sind in diesem experimentellen Text aufgebrochen, es herrscht die anonyme Gewalt des Es. Kein einziges Mal fällt nach dem poetologischen Vorwort das Wort «Ich». Die Voraussetzungen gegenüber dem utopischen Stadt-Essay über Rom – *Was ich in Rom sah und hörte* (1955) – haben sich grundlegend verkehrt. *Es ist etwas in Berlin*, ein Es, katastrophale Gewalt des gegenwärtigen Verkehrs- und Konsumwahns und der Wiederkehr der Vergangenheit. Das Ich setzt sich diesem *Nachtmahr und seiner Konsequenz* aus, geht *auf dem Kopf*, damit *Kunde gegeben werden kann.*[337]

Die in der Büchner-Preis-Rede vorgetragene literarische Anamnese der Krankheit wird in den Romanentwürfen aus der Zeit ihres Berlin-Aufenthalts von 1963 bis 1965 und dann in Rom weiter verfolgt: in den Entwürfen zu einem *Wüstenbuch*, das die *Verwüstung* auf dem inneren Schauplatz darstellen sollte und eine Reise in die ägyptische Wüste als Ort jenseits der Herrschaft der Weißen – *die immer reineren Blicke, immer leerer werdenden Augen in der einzigen Landschaft, die heilt*[338] –; im *Franza*-Roman, der einer realen Ägyptenreise folgt, die Bachmann mit dem jungen Freund Adolf Opel im Frühjahr 1964 unternahm.[339] *Reise durch eine Krankheit* nennt sie den Roman in der Vorrede zu einer Lesung[340]; im Roman *Malina*, der, nach ihren Worten, in der Krankheit des weiblichen Ich unsere Zeit repräsentiert. Durch diesen Roman werde man *wissen, was unsere Zeit war. Und die Krankheit, die Folter darin, und die Krankheit dieser Person, ist die Krankheit unserer Zeit für mich. Und wenn man das nicht so sehen kann, dann ist mein Buch verfehlt.*[341]

Gegen eine biographisch verengende Sicht auf die Krankheit im Leben und Werk Ingeborg Bachmanns wäre noch ein anderer Zusammenhang zu bedenken: die Verschlingung des persönlichen Lebenswegs mit dem heillosen Weg der Kunst in der Moderne und nach 1945 und der literarhistorische Kontext am Beginn der sechziger Jahre. Ingeborg Bachmann kannte den Stellenwert von Krankheit und Zerbrechen in der Kunstmetaphysik der Moderne, sah im Hindurchgehen durch die kunstfernen Krankheitszustände eine Möglichkeit zu einer anderen Kunst: *[...] laßt uns auf dem Kopf stehen, auf einem kunstfernen Weg, der einmal einmünden kann, dort wo wieder Kunst kommt. Hinzukommt, gleich hinzukommt, wenn die ausgebrannten Stellen verheilen [...], wenn das Geröchel, wenn die Epilepsie überwunden ist, wenn das abgetan ist, also tägliche Übung wird, wenn die Krankheit und der krankhafte Aufruhr beendet sind*[342]. Der ungeschminkte Ausdruck der Negativität der Krankheit trifft sich in der ersten Hälfte der sechziger Jahre mit einer allgemeineren literaturgeschichtlichen Tendenz, insofern nun das «Tabu über Aggressivität und Kritik»[343] in der Nachkriegsliteratur gebrochen und mit einer vorher nie dagewesenen aggressiven Sprache auf die restaurativen Verhältnisse und die harmonisierende literarische Kritik reagiert wird. Zu denken wäre an die Darstellung von Wahnsinn, Krankheit und Terror im zeitgenössischen Marat/Sade-Drama (1964) von Peter Weiss, in der Prosa Thomas Bernhards seit «Frost» (1963) oder an den aggressiveren Ton der Lyrik Paul Celans. In «Huhediblu», einem Gedicht aus «Die Niemandsrose» (1963), hat Celan zum Beispiel das nicht geheure Ineinander von Restauration und Konsumbesessenheit in einer neuen, blasphemischen Gedichtsprache ‹in die Enge geführt›.[344] Mit einer ähnlichen blasphemischen Engführung von Konsum und Terror setzen die ersten Entwürfe zum Gedicht «Keine Delikatessen» (1963) ein (Bl. 280). Sie gehören im Werk Ingeborg Bachmanns zu den unheimlichsten sprachlichen Vorstößen in die Zonen traumatischer Gewalt. Einen entschiedeneren Bruch mit dem anhimmelnden Getue der damaligen Bachmann-Verehrer – «Dieser Ton, diese Ferne [...] gehören nur ihr» (Joachim Kaiser, 1963) – wird man sich schwer vorstellen können.

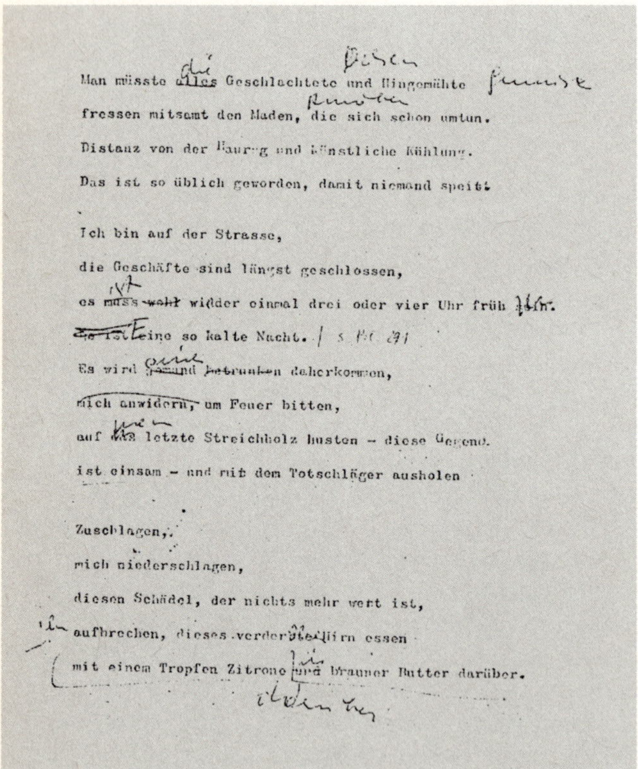
Man müsste alles Geschlachtete und Hingemähte
fressen mitsamt den Maden, die sich schon umtun.
Distanz von der Nahrung und künstliche Kühlung.
Das ist so üblich geworden, damit niemand speit.

Ich bin auf der Strasse,
die Geschäfte sind längst geschlossen,
es muss wohl wieder einmal drei oder vier Uhr früh sein.
Es ist eine so kalte Nacht.
Es wird jemand betrunken daherkommen,
mich anwidern, um Feuer bitten,
auf das letzte Streichholz husten – diese Gegend
ist einsam – und mit dem Totschläger ausholen

Zuschlagen,
mich niederschlagen,
diesen Schädel, der nichts mehr wert ist,
aufbrechen, dieses verdorbene Hirn essen
mit einem Tropfen Zitrone und brauner Butter darüber.

Nachlaß, Bl. 280; der erste erhaltene Entwurf von «Keine Delikatessen», quasi protokollarische Aufzeichnungen destruktiver Erfahrungen

«Daß unsere Ansprüche, Ideen und Forderungen sich über den Tag erheben müssen»

In der Einleitung der Büchner-Preis-Rede erwähnt Ingeborg Bachmann neben der fürchterlichen *Konsequenz* und den objektiven *Zufällen das Erleichternde, das Lösen, Lebbare,* das *inkonsequent einher[kommt].*[346] Diese Inkonsequenz des Lebbaren gab es auch in der Zeit ihres Berlin-Aufenthalts, «einem der schwierigsten und dunkelsten Abschnitte ihres Lebens»[347].

In dieser dunkelsten Zeit entstanden Gedichte wie *Böhmen liegt am Meer* oder *Prag Jänner 64,* die zu den schönsten ihres lyrischen Œuvres gehören. Sie verdanken sich den beiden Prag-Reisen im Winter 1964, die sie mit Adolf Opel, einem jungen Wiener Schriftsteller, unternahm. Als ein *Wunder* erlebte sie diese Reise, es komme ihr *zum ersten Mal vor,* schreibt sie ihm dann von Berlin nach Wien, daß sie *die Vergangenheit überwinden kann.*[348] Mit ihm fuhr sie Ende April 1964 nach Ägypten, und er hat nach ihrem Tod die privaten Details dieser Reise als

«[...] als sie [Franza] die ausgekratzten Zeichen sah, in Dêr el-Báhari, in dem Tempel der Königin Hatschepsut, von der jedes Zeichen und Gesicht getilgt war auf den Wänden, durchgehend die Zerstörung. [...] Für sie hier war das nicht Stein und nicht Geschichte, sondern als wär kein Tag vergangen, etwas, das sie beschäftigte.» (Der Fall Franza, Werke, III, S. 436f.)

Buch auf den Markt gebracht. In einem Brief an Opel vom 23. Juni 1964, zwei Wochen nach der Rückkehr aus Ägypten, berichtet sie ihm aus Berlin von ihrem Gefühl, *gerettet zu sein: Was mit mir geschehen ist, kann ich noch gar nicht absehen, – sicher ist nur, daß ich noch keine Stunde in das alte Leben zurückgefallen bin, sondern mich «gerettet» fühle, in allen Stunden, obwohl hier wirklich nichts dazu angetan ist, einen zu tragen und zu halten. … Ich gehe herum und lebe, in jedem zweiten Augenblick sage ich mir vor; ich lebe, ich lebe wieder …*[349]

Zum Erleichternden und Lebbaren dieser Jahre in Berlin gehörten auch das *Radfahren in Grunewald*[350] mit einer kleinen Gruppe von Freunden, Hans Werner Richter und Uwe Johnson, die ihr die Präsidentschaft in dem kleinen freundschaftlichen Sportclub überließen. Und eine andere Inkonsequenz war, daß sie in der Zeit der *subventionierten Agonie* in der politischen Öffentlichkeit öfter präsent ist als jemals zuvor. Sie zeigt sich mit Grass und Henze im September 1965 auf einer Wahlveranstaltung der SPD in Bayreuth, sieht ein, *daß, trotz allem,*

Wahlveranstaltung der SPD, September 1965 in Bayreuth (Ingeborg Bachmann zwischen Agnes Fink und Rut Brandt, dahinter Bernhard Wicki, Fritz Kortner, Hans Werner Henze, Günter Grass, Willy Brandt, Karl Schiller)

was von außen zu sagen ist, diese Partei endlich die Wahlen gewinnen muß, damit man überhaupt weitermachen kann in diesem Land[351]. In dem schönen Brief an Henze vom 26. Juli 1965 besteht sie auf ihrer weiter reichenden politischen *Melodie*: *[…] daß unsere Ansprüche, Ideen und Forderungen sich über den Tag erheben müssen wie eine Melodie – also ich bleibe unbelehrbar, und ich glaube, daß wir diesen Ideen, auch wenn niemand es verlangt, treu bleiben müssen, weil man nicht existieren kann ohne den Absolutheitswahn, den Grass zum Beispiel mir vorwirft.*[352] Henze, den sie zu einer Wahlrede für Willy Brandt ermunterte, trug sie ihre Hilfe bei der Rede an: *geh übrigens ruhig ein paar Meter über die Sozialdemokratie hinaus, das schadet diesen Schüchterlingen gar nicht.* (Brief vom 13. August 1965).[353] Im Herbst 1965 wurde sie gemeinsam mit Hans Magnus Enzensberger in den Vorstand der «Europäischen Schriftstellergemeinschaft» (COMES, Comunità Europea degli Scrittori) gewählt, sie trat öffentlich gegen eine Verjährungsfrist für NS-Verbrechen ein, hatte sich 1963 der Klage gegen den CDU-Politiker Josef Hermann Dufhues angeschlossen, der die Gruppe 47 mit der Reichsschrifttumskammer verglichen hatte, und im Dezember 1965 erschien die Erklärung gegen den Vietnamkrieg, die sie mitunterzeichnete. «Man sollte nicht versuchen, diese Art Mut und Engagiertheit aus der großen Dichterin herauszudividieren, denn das eine gehört zum andern», so Heinrich Böll zum politischen Engagement Ingeborg Bachmanns.[354]

Hans Werner Henze hat auch die gemeinsame Arbeit an der komischen Oper *Der junge Lord* zu den rettenden Tätigkeiten in dieser Zeit gerechnet: «Es war unser beider Versuch, über Erlittenes zu lachen.»[355] Sie verfaßte das Libretto nach Wilhelm Hauffs Parabel aus «Der Scheich von Alessandria und seine Sklaven», begann schon im Herbst 1963 mit der Konzeption[356] und hatte, wie immer, Schwierigkeiten, die Arbeit termingerecht fertigzustellen. Die in einem biedermeierlichen Städtchen, bei ihr heißt es Hülsdorf-Gotha, angesiedelte Geschichte handelt von einem «Fremden», der den intoleranten Spießbürgern eine Lehre erteilt, indem er einen dressierten Affen als seinen englischen Neffen ausgibt. Die Gesellschaft bewundert den jungen Engländer wegen seiner «Extravaganz» und stellt sich so in ihren «schlechten Sitten» und ihrem «lächerlichen Wesen» bloß (Wilhelm Hauff).[357] Bachmann übernimmt in der Sprache ihres Librettos *leicht rhythmisiert, mit geborgten Tonfällen aus der Zeit* um 1830, das Biedermeierliche der Vorlage. Sie erschafft für die Gesellschaft von Hülsdorf-Gotha eine Kunstsprache, deren Phrasen – Bachmanns Idylle liegt in Deutschland – die schlimmsten Assoziationen aufkommen lassen. «Soviel Tödliches in dieser Gemütlichkeit», bemerkte Henze zu ihrem Libretto. Ursprünglich war bei ihr für die Rolle Sir Edgars, des Fremden im Städtchen, ein jüdischer Name vorgesehen, *Sir Isaack*[358], aber sie zog es vor, *das lehrhafte Verfahren, das sich angeboten hat,* auszuschlagen und *nicht mit der Tür ins Haus zu fallen* (Nachlaß Bl. 1529). Mit dem Hinweis auf die poetisch vermitteltere komische Gestaltung der Geschichte schloß sie

«Wegen einer Zirkusdame! / Wegen eines Affen! / Geht der Engländer aus dem Haus, / Aber in die Kirche geht er nie!» (Szenenfoto aus «Der junge Lord», I/3; Uraufführung: Deutsche Oper Berlin, 7. April 1965.)

ihre *Notizen zum Libretto*: *Das Komische, mehr als das Tragische, hat seine Noten, seine nationalen.*[359]

Die geniale Erfindung in Bachmanns Libretto ist das Liebespaar von Luise und Wilhelm. Indem Luise sich von Wilhelm entfernt, auf unwiderstehliche Weise von dem als Mensch verkleideten Tier angezogen, erhält das *diabolisch[e] Experiment*[360] auf der Opernbühne eine abgründige Dramatik. *War Lieben früher einfach, / jetzt wird die Liebe schwer, / zur Wildnis von Gefühlen, / ich kenne mich nicht mehr*, singt Luise, *überwältigt* und *krank* in einer Liebe, der kein *guter Geist* mehr *hold* ist.[361]

Auf einem Blatt, das im Nachlaß erhalten ist, bemerkt die Autorin, daß die komische Oper hier *die Grenze des Komischen* überschreitet und der Zuschauer begreifen kann, *was hier nicht komisch ist, was der Wahrheit, die von der Komik befördert wird, als nächste Wahrheit folgt.*[362] So trug Bachmann in einem der dunkelsten Abschnitte ihres Lebens mit einem «dramaturgischen Geniestreich»[363] zur «einzigen Oper der letzten zwanzig Jahre» bei, «die den Bühnenanspruch einer Komödie für Musik ganz zu erfüllen trachtete und auf der Bühne einen breiten Erfolg verbuchen konnte».[364]

Spielt die Komödien, die lachen machen / Und die zum Weinen sind, heißt es in *Böhmen liegt am Meer*, dem Gedicht, das ihr, glaubt man ihren Worten, in der Berliner Zeit wie ein *Geschenk* zugefallen sei und das sie *nur weiterzugeben* hatte *an alle anderen, die nicht aufgeben zu hoffen auf das Land ihrer Verheißung.*[365]

Haus, *Brücke* und *Grund* sind in den ersten Versen die sprachlichen Bilder für einen Raum tragender Beziehungen, den das Ich wie aufatmend betritt. Die Bilder von Angekommensein und Heimat sind nach 1945, nach Krieg, Vertreibung und Vernichtung, nichts Selbstverständliches mehr. Das mehrmals wiederholte Zeitadverb *noch* ist bei Bachmann seit den Gedichten von *Die gestundete Zeit* das gestische Zeichen für die dramatisch erfahrene Zeit. Hier akzentuiert es die Bedrängtheit des Ich, den gefährdeten glücklichen Moment und die bedrohte utopische Konstruktion. Im Shakespeare-Jahr 1964 erinnern der utopische Titel des Gedichts, ein Zitat aus dem

«Wintermärchen», und sein Personal an das Werk des großen Engländers. In der Topographie des Gedichts und seinen Gestalten ist zugleich der Vielvölkerstaat der Habsburgermonarchie vergegenwärtigt, eine utopische Welt des Angrenzens an viele Sprachen und Länder in einem *Haus Österreich*, das nichts mehr mit Besitz und Macht zu tun hat, sondern ein historischer Erinnerungsraum ist: *ich erinnre mich sofort, in den Gassen von Prag und im Hafen von Triest, ich träume auf böhmisch, auf windisch, auf bosnisch, ich war immer zu Hause in diesem Haus [...] ohne die geringste Lust, es noch einmal zu bewohnen, in seinen Besitz zu gelangen, einen Anspruch zu erheben.*[366]

Das Ich in Bachmanns «Böhmischem Manifest»[367], wie das Gedicht mit der biblischen Losung *Kommt her, ihr Böhmen alle*, einmal genannt wurde, will ebenfalls nichts mehr für sich, hat sich zurückgenommen in ein Angrenzen an die anderen und in ein Miteinander der verschiedenen Völker und sozialen Schichten. *Ich will nichts mehr für mich. Ich will zugrunde gehn*, heißt es, und in den Bedeutungsaspekten von *Zugrund, Zugrund gerichtet* und *Von Grund auf*-Wissen wird dann der dichterische Wahrheitsanspruch Ingeborg Bachmanns ausgesprochen, so selbstverständlich und notwendig, als würde nur den möglichen Assoziationen des Wortes *Grund* gefolgt. Das abschließende *und ich bin unverloren* stellt eine geheime dialogische Beziehung zu Paul Celans Wort von der «unverlorenen Sprache» in der Bremer Rede (1958) her: «Erreichbar, nah und unverloren blieb inmitten der Verluste dies eine: die Sprache. / Sie, die Sprache, blieb unverloren, ja, trotz allem.»[368] An die Stelle, wo bei Celan «Sprache» steht, setzt Bachmann, mit historischem Takt dem jüdischen Opfer gegenüber, das Wort *Ich*: um den bewußt gewählten, nicht über sie verhängten Weg in den Untergang als Voraussetzung des Schreibens im Post-Holocaust zu bezeichnen – *Ich will zugrunde gehn. [...] Zugrund gerichtet, wach ich ruhig auf. / Von Grund auf weiß ich jetzt, und ich bin unverloren.*

Die Verbindung von zeitgeschichtlicher Repräsentanz und individueller Besonderheit in diesem Gedicht, das Zusammenfinden der Shakespeare-Referenzen mit der Welt des alten

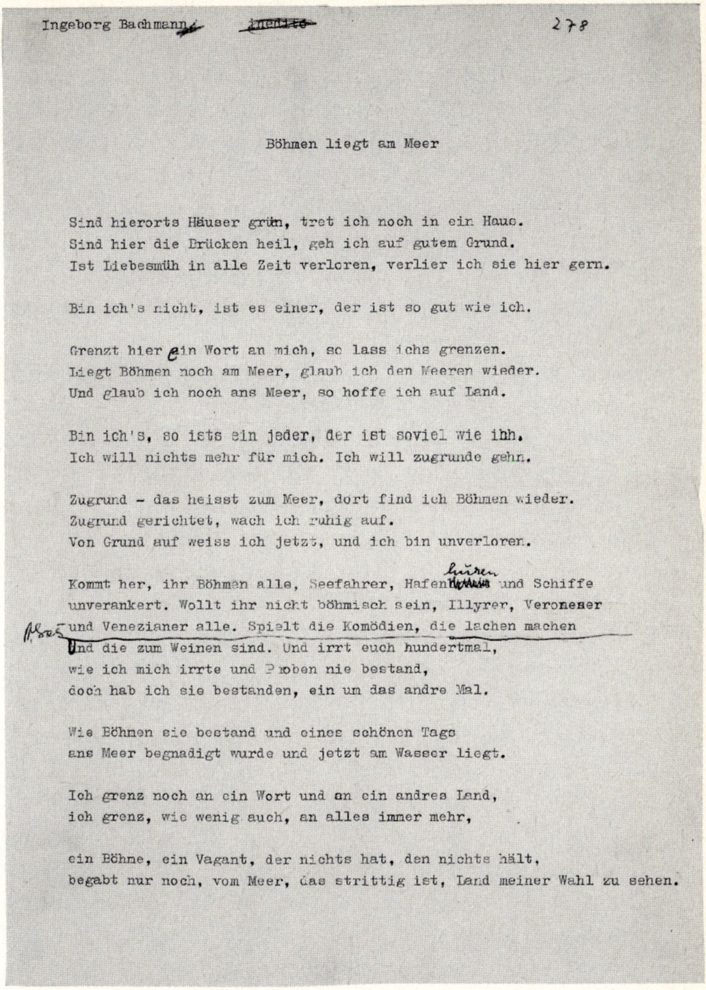

Ingeborg Bachmann, ~~inedito~~ 278

Böhmen liegt am Meer

Sind hierorts Häuser grün, tret ich noch in ein Haus.
Sind hier die Brücken heil, geh ich auf gutem Grund.
Ist Liebesmüh in alle Zeit verloren, verlier ich sie hier gern.

Bin ich's nicht, ist es einer, der ist so gut wie ich.

Grenzt hier ein Wort an mich, so lass ichs grenzen.
Liegt Böhmen noch am Meer, glaub ich den Meeren wieder.
Und glaub ich noch ans Meer, so hoffe ich auf Land.

Bin ich's, so ists ein jeder, der ist soviel wie ihh.
Ich will nichts mehr für mich. Ich will zugrunde gehn.

Zugrund – das heisst zum Meer, dort find ich Böhmen wieder.
Zugrund gerichtet, wach ich ruhig auf.
Von Grund auf weiss ich jetzt, und ich bin unverloren.

Kommt her, ihr Böhmen alle, Seefahrer, Hafenhuren und Schiffe
unverankert. Wollt ihr nicht böhmisch sein, Illyrer, Veroneser
und Venezianer alle. Spielt die Komödien, die lachen machen
Absatz
Und die zum Weinen sind. Und irrt euch hundertmal,
wie ich mich irrte und Proben nie bestand,
doch hab ich sie bestanden, ein um das andre Mal.

Wie Böhmen sie bestand und eines schönen Tags
ans Meer begnadigt wurde und jetzt am Wasser liegt.

Ich grenz noch an ein Wort und an ein andres Land,
ich grenz, wie wenig auch, an alles immer mehr,

ein Böhme, ein Vagant, der nichts hat, den nichts hält,
begabt nur noch, vom Meer, das strittig ist, Land meiner Wahl zu sehen.

Nachlaß Bl. 278; Reinschrift-Typoskript, handschriftliche Korrekturen mit blauem Kugelschreiber. Am oberen Rand: «Ingeborg Bachmann [,] [inedito]»

Österreich oder die Verschränkung von Aktualität und Vergangenheit im Weltgefühl, denkt man an den Alexandriner-Vers der barocken Vanitas-Gedichte oder an die Dichter-Imaginationen von *Narr* und *Vagant*, ist in dem schönen Wort ausgedrückt, das Thomas Bernhard seinem Romanhelden Franz-Josef Murau in «Auslöschung» in den Mund gelegt hat: Er liebe das Gedicht, weil es «so österreichisch, gleichzeitig aber so von der ganzen Welt und von der Umwelt dieser Welt durchdrungen» sei.[369] Dieses Österreichische findet sich nicht nur im habsburgischen Personal des Gedichts, in der melancholischen Haltung zur Welt als einer traurigen Komödie, in der sich das Ich nicht so wichtig zu nehmen brauche, sondern auch im österreichischen Idiom der weggelassenen Wortendungen bzw. Wortzusammenziehungen – für die Dichterin eine *Ausdrucksweise*, wie sie im Londoner Gespräch mit Erich Fried 1967 sagte, die *dem Inhalt des Gedichts* entspreche.[370]

Die große emotionale Zustimmung, die Bachmanns Werk bei den österreichischen Emigranten fand, dürfte mit der Erinnerung an die feinen Nuancen dieses österreichischen Deutsch und dessen eigentümliche Sprachmelancholie zu tun haben, vor allem aber mit der darin sich artikulierenden lebensgeschichtlichen Erfahrung. Selber aus einer Art selbstgewähltem Exil sprechend, an einem Ort der *Deutschen Zufälle*, der für sie *nach Krankheit und Tod riecht*, versucht sie, als schreibendes Ich, die Heimat im Wort zu retten. Niemals hatte sie vorher mit dieser krank machenden Härte erfahren, daß ihr der Boden unter den Füßen weggezogen worden war, wie in den Jahren, als sie das Gedicht in Berlin schrieb. Es mußte geradezu «magisch» auf diejenigen wirken, die im Zeitalter der Vernichtung das wirkliche Exil auf sich zu nehmen hatten: «geisterhaft» sah Jean Améry bei Ingeborg Bachmann eine «österreichische Literatursprache» «aus dem Bundesdeutsch» hervortauchen, mit einer ihn «betroffen machenden österreichischen Melancholie», die dem nie mehr aus dem Exil Zurückgekehrten «die seit Jahren verlorene Heimat in Erinnerung» rief.[371]

Der letzte Rom-Aufenthalt

1965 bis 1973

Im November 1965 kehrte Ingeborg Bachmann von Berlin nach Rom zurück. Es war das vierte Mal, daß sie sich in ihrem *erstgeborene[n] Land* für längere Zeit niederließ. Dieses Mal ohne die Zuversicht eines Neubeginns, *weil man von einem Ort nicht loskommt, in den man so viel investiert hat*, schrieb sie am 26. Jänner 1966 an Uwe Johnson. *Glauben Sie mir also nur mit Vorbehalt, wenn ich Ihnen noch einmal sagen sollte, wie sehr es mir in Rom gefällt.* Das war nicht mehr die Begeisterung der jungen Schriftstellerin, die das Wien der Nachkriegszeit hinter sich gelassen hatte und Rom als Inbegriff einer *utopischen Stadt* entdeckte, die *letzte Großstadt [...], wo man ein geistiges Heimatgefühl haben kann*, einer *der letzten Orte, wo man [...] aufgefangen wird.*[372] Beim letzten Versuch, in Rom wieder Fuß zu fassen, steht der Neuanfang im Zeichen der vorangegangenen Verluste: *[...] ich habe mich in diese Stadt so verbissen, nicht weil ich sie, was nur halb stimmt, sehr liebe, sondern weil sie mir dreimal genommen worden ist auf die unwürdigste Weise* (24. Jänner 1966).[373]

Sie bezog eine Wohnung in der Via Bocca di Leone Nr. 60, in einem alten Palazzo im Renaissanceviertel, nicht weit von der Piazza di Spagna gelegen. Bewußter noch als früher «baue» sie *starrköpfig an dieser Wohnung*, schreibt sie ein halbes Jahr später an Johnson. *Hätt ich früher gelebt, so wäre ich mit Befestigungsarbeiten an einem Castell beschäftigt. Deswegen finde ich den Ausdruck «casa» richtig, den man hier auch für ein eigenes Zimmer verwendet, für mich geht es immer um die casa. Um la casa, la mia casa, per la mia casa.*[374]

Das emphatische Bild des Hauses kennt die Gefährdung des Ich, die Ingeborg Bachmann oft in Gebäudemetaphern dargestellt hat, zuletzt im Bild des vom Einsturz bedrohten Berliner Krankenhauses (*Ein Ort für Zufälle*), während andrerseits friedliche Plätze und Häuser in ihrem Werk zu utopischen Erinne-

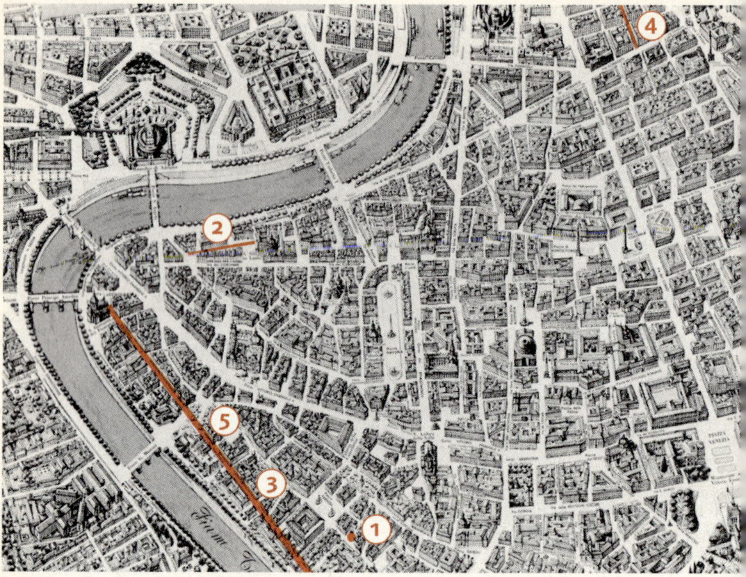

Fast alle Wohnungen Ingeborg Bachmanns liegen im alten Zentrum Roms, nur die Via de Notaris, wo sie mit Max Frisch von 1961 bis 1962 wohnte, liegt nördlich der Villa Borghese:
1 Piazza della Quercia 1 (Ende 1953 bis Mitte 1955)
2 Via Vecchiarelli 38 (Anfang 1957 bis Herbst 1958)
3 Via Giulia 102 (mit Max Frisch, 1959 bis 1961)
4 Via Bocca di Leone 60 (Herbst 1966 bis Ende 1971)
5 Via Giulia 66 (Anfang 1972 bis 1973)

rungsorten ‹ausgebaut› werden, Enklaven aus dem alten Österreich, das *Ungargassenland* in Wien, das Haus in *Galicien* oder *Grüne Häuser in Prag*, so der Titel des ersten Entwurfs von *Böhmen liegt am Meer* (Bl. 284): *Sind hierorts Häuser grün, tret ich noch in ein Haus. / Sind hier die Brücken heil, geh ich auf gutem Grund.*

Als sie Ende 1965 nach Rom zurückkehrt, hat sie die schwerste Krise ihres Lebens hinter sich, den psychischen und physischen Zusammenbruch nach der Trennung von Max Frisch, Krankenhaus- und Sanatoriumsaufenthalte, Ärztekonsultationen und therapeutische Behandlungen in Baden-Baden, St. Moritz und Wien. Ihre Medikamentenabhängigkeit führt sie auf eine Behandlung in Berlin zurück, mystifiziert die

Ursache in der Gestalt eines Arztes, den sie als ihren «Mörder» bezeichnet.[375] In den letzten Jahren in Rom, es sind nur mehr sieben, wird sie immer abhängiger von Schlaftabletten und Sedativa, von Mogadon und Medomian[376], von Seresta, einem Psychopharmakon. In den Apotheken in Rom bekommt sie keine Tabletten mehr, muß immer wieder Freunde und Bekannte ersuchen, ihr Medikamente zu beschaffen. Illusionslos sieht sie ihre schlechten Chancen, durch Entzugskuren davon loszukommen. Geschützt durch ihr nahestehende Menschen, gelingt es ihr, bis in die letzten Lebensjahre die Folgen der Alkohol- und Medikamentenabhängigkeit vor der Öffentlichkeit zu verbergen. An einigen Stellen ihres Werks hat sie die Abhängigkeit zum Thema gemacht, wenn in *Malina* ihr Alter ego versucht, den Tablettenkonsum zu kontrollieren und einzuschränken – *wie kann Malina es wagen, mir jetzt diese Tabletten vorzurechnen, er weiß doch nicht, was geschehen ist*[377] , wenn im *Wüstenbuch* das kreatürliche Elend der Sucht an der Protagonistin zum Ausdruck kommt: *Schwach geworden bin ich mitten in der Wüste, ich bin wie eine Molluske zusammengefallen, ich habe meine Tabletten im Sand abgezählt, wieviel waren es heute schon, jetzt ist die Zahl vergessen, vielleicht schon drei, vielleicht doch erst zwei, jetzt weiß ich es nicht mehr […]. Nimm mich an, Wüste. Nimm den schwarzen Schatten an, der verloren in dich hineinwandert, in die Dünung, diesen kleinen Schatten, der seine Tablette wieder gefressen hat, der dich dazufrißt mit den Augen, deine Weise zu sein und nicht zu sein, deinen erleuchteten Sand, in dem das Chaos dieses Wahnsinns sich aufbraucht. Der Speichel reicht noch, um die fünf Millimeter, im Durchmesser, zu schlucken, dann ist der Hals trocken. Einer Prophetie ist vorgebeugt, die Prophetien kommen aus der Wüste.*[378]

In ihrem römischen *Castell* arbeitet Ingeborg Bachmann an dem in Berlin begonnenen Roman-Projekt *Todesarten* weiter. Sie versteht es als *Summa* und *Manuale*[379], entwirft immer neue Konzepte für die Form und Abfolge der Bücher, jahrelang, ohne ein erstes Buch abschließen zu können, gerät dadurch immer mehr unter den Druck der Verleger und der literarischen Öffentlichkeit. Außer der Büchner-Preis-Rede (1964)[380] ist seit dem Erzählband *Das dreißigste Jahr* (1961) am Beginn

Ingeborg Bachmann im Portico des Palazzo Sacchetti, Via Giulia 60.

der sechziger Jahre von ihr kein neues Buch mehr erschienen. Ein 1964 in den «Büchern der Neunzehn» veröffentlichter Sammelband mit bereits bekannten Werken – *Gedichte, Erzählungen, Hörspiel, Essays* – brachte zwar einen großen Verkaufserfolg, erhöhte aber die Erwartung an das neue Buch. Es ist bereits das fünfte Jahr, daß sie der Verleger Klaus Piper am 30. Oktober 1963 in einem Brief an den Roman erinnert: «Ich bin außerordentlich gespannt, Näheres über Ihre Arbeit an dem Roman zu hören (Todesarten).» Sieben Jahre später fragt Siegfried Unseld vom Suhrkamp Verlag, seit 1967 ihr neuer Verleger, noch immer nach dem Buch: «[…] daß ich doch einen Eindruck vom Text erhalten könnte […] Wie steht es damit? […] wenn ich dann das Manuskript haben und lesen könnte» (Brief vom 23. September 1970). Über Jahre schob sie die Abgabetermine hinaus, konnte sie keine Zusagen einhalten, versuchte sie, die aus Deutschland kommenden Verlagsbriefe und anreisenden Lektoren abzuwehren. Die Anfragen ihres Verlegers gehen zuletzt selber in das Buch ein, wo sie in einer ironischen Mythisierung des Traumkapitels von *Malina* verewigt sind als ein Teil des Dramas, das der Entstehung der Werke zugrunde liegt, ein Teil von dem *Zwang*, der *Verdammnis*, der *Strafe*, Leben in Literatur verwandeln zu müssen[381]: *[…] und der Große Siegfried ruft mich, erst*

Ingeborg Bachmann verließ den Piper Verlag, nachdem dort Anna Achmatowas «Requiem» in der Übersetzung des früheren NS-Dichters Hans Baumann («Es zittern die morschen Knochen …») erschienen war. Bachmann hatte im Jänner 1965 in einem Brief an Klaus Piper als Übersetzer Paul Celan vorgeschlagen. Sie hatte Anna Achmatowa bei ihrem Italien-Besuch im Sommer 1964 persönlich kennengelernt und ihr das Gedicht *Wahrlich* (1964) gewidmet. Als sie Anfang 1966 Hans Baumanns Achmatowa-Übersetzung in die Hand bekam, war sie zutiefst erschüttert, und als der Verleger Klaus Piper auf ihren entschiedenen Einspruch mit Ausflüchten reagierte, war für sie «etwas nicht wieder Gutzumachendes» geschehen: «Ich ziehe die Konsequenzen aus den Briefen und dem, was im Verlag, in Zusammenhang mit der Achmatowa-Übersetzung, vorgefallen ist. Ich gehe weg.» (Brief an Klaus Piper, 18. März 1967). Sie ging zum Suhrkamp Verlag. Nach jahrelangen Verhandlungen gab Klaus Piper seine Option auf den nächsten Roman auf, akzeptierte anstelle des Romans den nächsten Erzählband («Simultan»), und «Malina» erschien bei Suhrkamp.

leise, und dann doch laut, ungeduldig hör ich seine Stimme: Was suchst du, was für ein Buch suchst du? Und ich bin ohne Stimme. Was will der Große Siegfried? Er ruft von oben immer deutlicher: Was für ein Buch wird das sein, was wird denn dein Buch sein?[382]

Am 1. Dezember 1970 kann sie endlich aus Rom den Satz nach Frankfurt schreiben: *Das Manuskript ist fertig.* Ein Buch, das die Schriftstellerin nicht trotz der eigenen Krankheit schrieb, sondern das in der Krankheit, so verstand sie es, die Krankheit der Zeit zum Sprechen bringen will. Sie hatte immer das Gefühl, daß sie – es ist die Zeit des eskalierenden Vietnamkriegs – *gegen etwas schreibe. Gegen einen andauernden Terror. Man stirbt ja auch nicht wirklich an Krankheiten. Man stirbt an dem, was mit einem angerichtet wird.*[383]

Malina ist ein Buch über den Terror. Geschrieben ‹in extremis›, wo es keinen Rückhalt mehr gibt und kein Zurück. Die Antwort auf die Frage des *Große[n] Siegfried* im Traum-Kapitel, was das für ein Buch sein wird, lautet: *Ein Buch über die Hölle. Ein Buch über die Hölle!* Die Ich-Figur schreit diese Antwort *auf der Spitze des Poles, von der es keine Wiederkehr gibt.*[384]

Im Mittelpunkt des Buchs steht das Kapitel *Der dritte Mann.* Ohne dieses *sehr wichtige Mittelstück* seien die anderen beiden Kapitel nicht zu verstehen[385]. Sie sei *ganz sicher*, sagte Ingeborg Bachmann, *daß in den Träumen alles drin steht, was an Furchtbarkeit in dieser Zeit geschieht*[386]. Wer das Traumkapitel von *Malina* gelesen hat, wird den Ausdruck des Entsetzens auf diesen dreiundsechzig Seiten nicht mehr vergessen, sowenig wie man Picassos «Guernica» vergißt, die Bilder des Francis Bacon, Pasolinis letzten Film oder Jean Amérys Essay «Die Tortur». Zu Recht ist in der Forschung auf die Nähe zu Büchern über die «Hadeswanderung unserer Epoche» hingewiesen worden, auf Thomas Manns «Doktor Faustus», die «Ästhetik des Widerstands» von Peter Weiss oder auf den Roman «Die Glasglocke» von Sylvia Plath, die ihrerseits von Ingeborg Bachmann zu den Schriftstellern gezählt wurde, *die in der Hölle waren*; in ihrem Roman gebe es Stellen, *die den Verstand ebenso erschrecken, wie sie [ihn] erschüttern.*[387]

Wenn Dante in der «Divina Commedia» an der Hand des

Vergil den Weg ins Inferno antritt, ist es bei Bachmann Malina, die Verkörperung der Kunst, *Schatten, Doppelgänger-Ich*, der das weibliche Ich auf dem Weg durch die Alpträume begleitet, der es zu bewahren versucht vor dem totalen Zusammenbruch und die Schreckenslähmung in Erkenntnis verwandeln will. *Malina soll alles wissen*, heißt es am Beginn des Traumkapitels.[388] Die Unterwelt, das ist ihrem *Buch* die Welt des Unbewußten, die privateste Sprachwelt des Ich, die einen Ausdruck der epochalen geschichtlichen Erfahrung jenseits der geläufigen Phrasen ermöglicht. Anders als in der ganzen bisherigen Tradition der Höllenwanderungen ist es eine Frau, die *Tochter*, die den Weg ins Inferno geht, während die vielen Formen von Gewalt und Tortur in der Gestalt des *Vaters* auf sie eindringen. *Ein Realist würde wahrscheinlich viele Furchtbarkeiten erzählen*, so kommentierte Ingeborg Bachmann dieses Darstellungsprinzip im Interview mit Toni Kienlechner im April 1971: *Hier wird es zusammengenommen in diese große Person, die das ausübt, was die Gesellschaft ausübt.*[389]

Zu den irritierendsten Aspekten des Romans und vor allem des Traumkapitels gehört die geheime Verwandtschaft zwischen der mörderischen Gewalt und Malina, auf die unter vielen anderen Anspielungen besonders die letzten Sätze des Romans hindeuten – *[…] wenn er mich nicht aufhält, ist es Mord. […] Es war Mord*[390] – oder der Titel des Traumkapitels, *Der dritte Mann*, der an die patriarchalische Dreieinigkeit von Ivan, Malina und dem Vater denken läßt. Auf diese Zusammenhänge, vor denen sie zurückschreckt, wird die weibliche Traumfigur hingedrängt, bis sie am Ende der Träume begreift, *warum er*, und dieses *er* meint an dieser Stelle nicht mehr den Vater, *in mein Leben hat treten können.*[391]

Die *Gewinnung dieser überlegenen Figur*, die aus dem Leben Kunst macht und dafür das weibliche Ich drangibt, diese erste Todesart in der *Ouverture* zu den geplanten *Todesarten*-Romanen, hat Ingeborg Bachmann ausdrücklich als Teil ihrer *Autobiographie* gedeutet.[392] Malina, der Historiker und Schriftsteller, wird aus den von ihr unmittelbar erfahrenen Todesarten, die sie das Leben kosten, *das Buch «Todesarten»* machen. So

In ihrer Wohnung, Via Bocca di Leone 60

greift die Autorin mit der Doppelgestalt von Malina *eine der ältesten, fast verschütteten Erinnerungen* ihrer künstlerischen Biographie auf – und zugleich eine der entscheidenden Fragen der Literatur nach 1945: wie man einerseits das menschliche Erfahrungsvermögen öffnet für die äußersten, traumatischen Bezirke der Gewalt und sich trotzdem Perspektiven des Widerstands und des Weiterlebens – als Weiterschreiben – zu bewahren vermag.

Eine souverän gehandhabte Form literarischer Anspielungen auf das eigene Leben bestimmt die Romankomposition – *Zitate […] wie Leben* nannte es die Autorin[393] –, eine vielstimmige und vielsprachige Beziehung auf die eigene Geschichte, die ein Höchstmaß von kompositorischer Künstlichkeit und

persönlicher Unmittelbarkeit zu verbinden weiß. Bei diesem ungewöhnlichen Typus autobiographischen Schreibens wird Lebensgeschichte nicht mehr erzählt, sondern in den Formen inszeniert, denen sich das Ich ‹verschrieben› hat: der Literatur.

Malina ist nicht zuletzt auch ein Buch über die Liebe. Über eine maßlose Liebe jenseits aller Vernunft, das Pendant gewissermaßen zur maßlosen Gewalt des Vaters. Vor dem Traumkapitel steht das Kapitel *Glücklich mit Ivan*, die Evokation einer Liebe, die die Welt verwandelt, eine blind und krank machende Liebe zu einem Geliebten namens Ivan, einem aus Ungarn stammenden Wiener Angestellten, der zum Heiland wird, zum Altar, vor dem das Roman-Ich noch immer kniet wie vor fünfundzwanzig Jahren das Ich in den *Briefen an Felician*: – *Gekreuzigtsein* auf Ivan: ihr *Mekka* und ihr *Jerusalem*: *ich knie auf dem Boden vor dem Telefon und hoffe, daß auch Malina mich nie überrascht in dieser Stellung […] wie ich niederfalle vor dem Telefon, wie ein Moslem auf seinen Teppich, die Stirn auf den Parkettboden gedrückt.*[394] Nur daß jetzt, im Roman, eine wissende Ironie über dieser ekstatischen Form von Liebe liegt, der Blick Malinas, auf dessen *erlösendes, spöttisches Wort*[395] das weibliche Ich wartet oder vor dessen kritischem Blick es sich verbirgt. Der Name Ivan, die slawische Form von Hans, signalisiert die überlegene Autorinnenperspektive, die das eingespielte Schema von Liebe und Verrat kennt, das immer wieder von vorn beginnende *Nur einmal komm* der Undine, mit dem sie immer aufs neue auf die üblichen männlichen *Ungeheuer mit dem Namen Hans* hereinfällt. Aber trotz dieses wissenden Blicks, dieser durchgehenden Neigung zur Komik in *Malina*, wird das Un-

Spätsommer 1965

maß der dargestellten Liebe und des dargestellten Schreckens nirgends verkleinert, und nichts wirkt dadurch weniger ergreifend oder weniger bedrohlich. Die über alles gehende Liebe hätte die erlittenen Kränkungen und schrecklichen Erfahrungen aufzuheben, sie ist im Roman die verzweifelt herbeigewünschte, bis zur Blindheit festgehaltene Möglichkeit, das beschädigte Ich in einer unzerbrochenen Totalität wiederauferstehen zu lassen: *[…] und allein dafür müßte ich Ivan die höchsten Auszeichnungen verleihen und die allerhöchste dafür, daß er mich wiederentdeckt und auf mich stößt, wie ich einmal war, auf meine frühesten Schichten, mein verschüttetes Ich freilegt, und seligsprechen werde ich ihn für alle seine Begabungen, für welche aber, für welche?* [396] Unübersehbar ist jetzt die Ironie, die das verklärungsbereite Ich und seine Erlösergestalten streift, diese Illusion von «Liebe als *heilende Kraft*», als *gesunde Macht – wenn daraus eine Epidemie entstünde, wäre alle Menschen geholfen* –, die selber eine Krankheit ist. [397]

«Unsere Krankengeschichte ist allein unsre Geschichte», hat Rahel Varnhagen einmal an Heinrich Heine geschrieben, ein Satz, der für Heines «Das Buch. Le Grand» genauso gilt wie für Ingeborg Bachmanns *Das Buch Malina* oder *Das Buch Franza*. Noch radikaler als bei dem älteren «Buch» des jüdischen Dichters aus dem 19. Jahrhunderts ist heute davon auszugehen, daß sich die *geistige, imaginäre Autobiographie* nicht mehr als Geschichts-Erzählung abhandeln läßt. Bachmanns *Buch Malina* ist ein moderner Bewußtseinsroman aus der Zeit nach 1945, eine vielstimmige Komposition, in der die bis in die Tiefenschichten reichenden kulturellen Prägungen eines Ich instrumentiert werden, sein Denken, Fühlen, Wahrnehmen, seine krankhaften Empfindlichkeiten und Leiden, alles «so österreichisch, gleichzeitig aber so von der ganzen Welt und von der Umwelt dieser Welt durchdrungen» (Thomas Bernhard). Sie komme aus der kulturellen Welt Österreichs, hat Ingeborg Bachmann 1971 in einem Interview nach dem Erscheinen von *Malina* gesagt, *unterirdische Querverbindungen gelten für mich immer noch, und die geistige Formation hat mir dies Land, das keines ist, gegeben* [398]. In der komponierten Sprachen- und Genre-Vielfalt des Romans werden diese *unterirdischen Querverbindungen* thematisiert, wird die kulturelle *Formation* des Ich sinnfällig in Musikzitaten aus Arnold Schönbergs «Pierrot Lunaire» und Ausdrucksbezeichnungen aus den späten Streichquartetten Beethovens, in Textzitaten von Karl Kraus und Ludwig Wittgenstein, Namen aus Hugo von Hofmannsthals Theaterstücken oder Begriffen aus Freuds Psychoanalyse.

Der äußere und innere Schauplatz ist das *Ungargassenland* in Wien, ein Bruchstück aus den habsburgischen Landschaften. Das weibliche Ich kommt aus dem *Dorf Galicien* am österreichischen Dreiländereck, *war immer zu Hause im Haus Österreich – die Kronländer sind an mich gefallen* –, und Malina, das Alter ego, ist Beamter im Heeresgeschichtlichen Museum in Wien, der zentralen musealen Verwaltungsstelle für das habsburgische Erbe. *Malina* ist insofern auch ein Österreich-Roman, freilich keiner, der das große Erbe nostalgisch verklärte, sondern der den Untergang zum Gegenstand hat: *[...] von dieser Stelle der Welt aus, an der nichts mehr stattfindet, erschreckt es einen viel tiefer, die Welt zu sehen, nicht selbstgerecht, nicht selbstzufrieden, weil hier keine verschonte Insel ist, sondern an jeder Stelle Untergang [...] von hier aus gesehen, wo nichts mehr geschieht, und das ist auch gut so, muß man die Vergangenheit ganz ableiden.*[399]

In den Jahren der Arbeit an den *Todesarten* begann die Autorin Österreich als Welt, in der sie in ihrem Schreiben zu Hause ist, immer bewußter wahrzunehmen, sie sei, betonte sie in mehreren Interviews, *angewiesen* auf diesen *Erfahrungsfundus, Empfindungsfundus aus einer anderen Gegend [...] aus Österreich*[400]. Sie sprach von einem *Doppelleben*, da sie in Rom lebe und aus dieser Distanz über Österreich schreibe, nur so habe ihr Buch entstehen können. Sie verwendete einmal für ihre tiefe Bindung an Österreich den Vergleich mit James Joyce, der *fast sein ganzes Leben in Italien verbracht* habe – *und am Ende ist es doch ein einziger Hymnus auf Dublin, und er hat Irland weiß Gott nicht geliebt!*[401]

Im Erzählband *Simultan* (1972) liegt die Nähe zur österreichischen literarischen Tradition besonders offen zutage, denn hier hatte die Autorin in der letzten Erzählung, *Drei Wege zum See*, eine Gestalt aus der österreichischen Literatur, Franz Joseph Trotta aus dem Roman «Die Kapuzinergruft» von Joseph Roth, übernommen und weitergeführt in die Zeit nach 1945. Neben diesen offensichtlichen Traditionsbezügen aber war es die Sprache dieser Prosa, welche die aufmerksamen Leser zurückhören ließ in die österreichische Literatur der ersten Jahrunderthälfte. Jean Améry, der in *Drei Wege zum See* als Ver-

Rom, 1967. Ingeborg Bachmann in dem Kostüm, das sie im Traum des Franz-Josef Murau in Thomas Bernhards Roman «Auslöschung» trägt.

fasser des Essays «Über die Tortur» selber erwähnt wird als *der Mann mit einem französischen Namen, der aber ein Österreicher war und in Belgien lebte,* schrieb für «Die Weltwoche» (8. November 1972) eine Rezension unter dem Titel «Trotta kehrt zurück». Er, der in Ingeborg Bachmanns Erzählung mit der fiktiven Gestalt Trottas auf eine Ebene gestellt wird,[402] spricht in seiner Rezension des Erzählbands über den «Zauber dieser in die unsrige fremd hereinragenden Welt von gestern». Das «methodische Zurückschreiten in eine ältere österreichische

Sprachwelt» versteht er nicht nur als Abwehr des «Neudeutsch der verschiedensten Schattierungen», sondern es habe damit zu tun, daß für den, der «als freiwiliger oder unfreiwilliger Exilierter im Ausland lebt», die «Verbindung mit der österreichischen Vergangenheit [...] zu einer Form der Ichfindung und Selbstkonstitution» werde. Der einstige Kämpfer der Resistance im besetzten Brüssel, der Gefolterte und dann nach Auschwitz Deportierte, verteidigt in Bachmanns Prosa eine kulturelle Welt, aus der er selber in der Nazizeit ausgeschlossen worden war, während der Blick für sprachliche Nuancen den Rezensenten am Anfang der siebziger Jahre fast durchwegs fehlte. Er entdeckt das für Bachmanns späte Prosa charakteristische Miteinander von scheinbarer naiver Unmittelbarkeit und «wohldurchdachter kompositorischer Technik», das der Literaturkritik schon bei *Malina* unlösbare Probleme aufgegeben hatte.[403] So hielt seine Aufmerksamkeit für das Unzeitgemäße dieser Erzählprosa einer anderen Aktualität die Treue, als dem damals vom Zeitgeist so einlinig verlangten «Gegenwartsbezug» und der geforderten «gesellschaftlichen Wirklichkeit».[404] Marie-Luise Wandruszka hat dieser weiter sehenden Unzeitgemäßheit von Bachmanns *Wienerinnen* – das war der Titel für den zweiten Prosaband, an dem die Autorin lange festhielt – eine schöne Studie gewidmet. Sie bemerkte als erste, daß Hofmannsthals Frauenfiguren den Hintergrund abgeben für Bachmanns Wiederentdeckung der von Malina verdrängten Weisheit und Freiheit der Frauen und einer lustvoll erfahrenen Geschlechterdifferenz, die es doch auch gibt, auch wenn die Autorin in den *Todesarten* nur das Leiden daran dargestellt hatte: *Die Geschlechter, da es sie gibt, sind und bleiben ein «Thema», ein unendlich variierbares, und diese Geschichten sind winzige Variationen über ein sehr altes Thema, das ich nicht kenne.*[405] Sie schreibt, daß sie das Thema, ihr altes Thema nicht kenne, um sich zu einem andern Blick für die Frauen zu befreien, einem ungekannten, neuen.

Die *Simultan-Erzählungen* repräsentieren eine neue Poetik im Werk Bachmanns, sie zeigen ein gewandeltes Verhältnis der Autorin zu ihren Heldinnen, zum Ich und zum Schreiben.

Die Wienerinnen sind mein hommage an etwas, das ich sehr vernachlässigt habe, so die Autorin in einem Brief an den Piper Verlag, *also an die Frauen, die auch existieren, während ich mich beschäftigte mit den Kontroversen, den Ideen, den Männern also, die sie haben, in diesen letzten Jahrzehnten.*

In einer Zeit, in der ich finster und angestrengt versucht habe, mit dem Buch Todesarten zurechtzukommen, […] habe ich angefangen, daneben eine Geschichte zu schreiben, dann noch eine, wie mir schien, waren es komische Geschichten, von Frauen […] Ihre Gesellschaft […] hat mich unterhalten, als wäre ich eben in ihre Gesellschaft geraten, nicht sie in die meine.

Die Frauen, die ich immer von außen gesehen habe, auch weiterhin so sehen muß, von (innen) ist nichts zu verstehen[406].

Während sie sich mit den inneren Dramen als Gegenstand der *Todesarten*-Romane abquälte, in das Ich als «die eigentliche Angststätte» (Sigmund Freud) hinabstieg und durch die Höllenkreise des ersten, zweiten und dritten Mannes geht, verhalfen ihr die *Wienerinnen* zu ihren *Sonntagen.* Nicht sie habe diese Gestalten erfunden, sondern sie seien eines Tages zu ihr gekommen *und wollten leben*[407]. Sie gehören wohl in den Kontext des *Todesarten*-Projekts – und das rechtfertige ihre Publikation in diesem Zusammenhang (1995) –, aber, so Marie-Luise Wandruzska, «als Gegenentwurf». Die eiskalten Mörder aus den *Todesarten*-Romanen tauchen zwar in diesen Geschichten an manchen Stellen auf, aber nur am Rande. Die hilflos überforderten Männer der *Wienerinnen* sind eher das Gegenteil jener monströsen Blaubärte aus *Malina, Der Fall Franza* oder *Requiem für Fanny Goldmann.* Josef, der männliche Protagonist in der Erzählung *Ihr glücklichen Augen*, sieht sich selber ratlos mit dem etwas weiteren Blick, den die Autorin sonst nur ihren sehend gewordenen Frauengestalten verliehen hat: *Wer tut uns das alles an? Was tun wir einander an? […] es ist eine Hinrichtung, weil alles, was ich tu, eine Untat ist, die Taten sind eben die Untaten.*[408] Selbst Leo Jordan, das *Raubtier des Jahrhunderts* aus *Der Fall Franza*, erhält jetzt, von seiner Mutter, eine Kindheitsgeschichte zurückerstattet, die erklärt, was ihn so lieblos werden ließ. Diese neue erzählerische Gerechtigkeit, die nun den Figu-

August 1968, am Tor des früheren Ursulinen-Gymnasiums in Klagenfurt

ren gewährt wird, entspringt einer neuen Anerkennung der Geschlechter und ihrer Differenz. Als wollte die Autorin, wie Undine vor ihrem Abgang, die Bücher von der tödlichen Trennung der Geschlechter nicht als letztes Wort stehenlassen. Sie möchte, schreibt sie zu ihrem Prosaband, *daß der Zauber, also eben doch der Charme, der unendliche, der längst entzauberte, negierte, wieder anfängt, die beiden Geschlechter zu begleiten.* Sie gebe *ihren Wienerinnen eine Chance, den Zauber und nicht die Trennung wiederherzustellen.*[409] Die unprätentiös anmutenden Erzählungen wären so, in der Abfolge der Werke, Gegenentwurf, Gegenstimme, lebendige Kontrapunktik eines Schreibens, das kein Ende will und keinen Stillstand bei einer einmal erreichten Position. Während sie eben den Roman über die Trennung der Geschlechter, den Riß durch die Welt und das Ich abschloß, stellte sie der geplanten *Summa*, dem großen *Manuale* der *Todesarten*, einen Erzählband mit fünf Geschichten von Frauen an die Seite, der von ganz anderen Prämissen des Schreibens ausgeht: vom Leben, von der Anerkennung des Seins, der Zurücknahme des eigenen Ich, von der Liebe zu den erzählten Frauen und Männern und einem so nicht gekannten Verhältnis von Literatur und Leben: *Meistens ist die Literatur dem Leben voraus, aber mit den Wienerinnen hinke ich dem Leben etwas nach, denn ich kenne bessere Frauen, zärtlichere und schönere, die in meiner Erinnerung Revue passieren, und ihnen und einer vor allem ist dieses Buch, das nicht zu Ende ist, im geheimen verdankt.*[410]

Wie die *Todesarten* ist auch dieses Buch für sie nicht zu Ende. Der letzte neue Text Ingeborg Bachmanns aus dem Juni 1973 setzt mit einer Serie von kurzen Betrachtungen die poetische Philosophie der *Wienerinnen* fort. Nach den glücklichen Erfahrungen ihrer Polenreise im Mai 1973 schreibt sie eine Hommage an die Frauen in Polen, die ihr wieder gezeigt haben, wo ihr Platz ist: *Ich war vor kurzem in Polen, zum ersten Mal und ich habe wieder bemerkt wo ich hingehöre. Denn ich bin ja eine Slawin und Slawen sind anders*[411]. Dieses Anders-Sein, dem sie sich zurechnen will, bedeutet, und darauf laufen alle anderen kleinen Textpassagen dieses Nachlaß-Textes hinaus, die Aufhebung der Trennung von Verstand und Gefühl: *Beides, es gehört zusammen und es muß zusammen gehen, die höchste Vernünftigkeit und die höchste Emotion oder die Fähigkeit zu fühlen […] ich habe drei, vier Studien gemacht, um möglichst viel zu wissen und ich werde immer*

«Ecco un artista, [. . .] sie war immer die Kunst, ach die Kunst, und sie war immer ein Mensch, immer die Ärmste, die Heimgesuchteste, die Traviata. [. . .] Sie war der Hebel, der eine Welt umgedreht hat, zu dem Hörenden, man konnte plötzlich durchhören, durch Jahrhunderte, sie war das letzte Märchen» (Hommage à Maria Callas, Werke, Bd. IV, S. 343). Maria Callas in der Rolle der Traviata, Mailänder Scala, 1954/55. Ingeborg Bachmann hatte die Sängerin damals in dieser Rolle gesehen, für sie die Verkörperung der Kunst überhaupt.

weiter studieren, es wird für mich nie aufhören. Aber, kein Herz zu haben und nicht zu fühlen, ist für mich unmöglich. Wenn das nicht zusammen gehört, dann gibt es keine Literatur mehr (Nachlaß Bl. 2345). Die siebzehn Sequenzen von Ingeborg Bachmanns Statements für ein Filmporträt lesen sich nach ihrem Tod wie ein Testament, in dem sie mit sehr einfachen Worten alle ihre Lebensthemen zusammenführt, die Aufgabe des Schriftstellers – *Was für immer bleiben wird, das einzige Wesen, was unbeschreiblich ist: ein Mensch* –, das Verhältnis von Musik und Dichtung – *daß Musik mein erster Ausdruck war. Der erste kindliche Ausdruck war und daß es heute für mich noch immer der höchste Ausdruck ist, den die Menschheit überhaupt gefunden hat* –, der Widerstand gegen Terror und Krieg und die angesichts der erfahrenen Zerstörung nicht aufgegebene Utopie eines Miteinanders von Männern und Frauen. Sie weiß, daß die Frauen *kein Mitleid brauchen und zu jedem Opfer fähig sind, um etwas zu tun. Das war die Lehre, die mir Polen gegeben hat. […] Frauen können genau soviel wie Männer, man muß ihnen nur die Chance geben, man hat sie ihnen nur so selten gegeben. Aber man wird sie ihnen geben müssen. Und dieser Tag wird kommen und dann werden die Frauen, wie ich geschrieben habe: goldene Augen haben, sie werden goldene Haare haben. Und es wird der Tag kommen, wo alle Menschen, die Frauen und die Männer: die Poesie ihres Geschlechts wieder entdecken. Dieser Tag wird kommen, an dem wir frei sein werden von allem, von diesem Schmutz, von diesem Elend. Und wir werden frei sein, freier als von jeder Freiheit, an die wir je gedacht haben. Wir werden sehr viel freier sein. Und alles wird fallen, was uns heute kaputt macht. Wir werden nicht mehr krank sein, wir werden frei sein. Wir werden miteinander frei sein, die Männer und die Frauen. Und wir werden die Güte wieder entdecken und die Liebe wieder entdecken und das wird unsere Freiheit sein* (Nachlaß, Bl. 2347, 2348).

Drei Monate später, in der Nacht vom 25. auf den 26. September 1973, verletzt sich Ingeborg Bachmann bei einem Brandunfall so schwer, daß sie an den Folgen der Verbrennungen stirbt. Am frühen Morgen des 26. September, noch vor fünf Uhr, rief Ingeborg Bachmann bei Maria Teofili, der mit ihr befreundeten Haushälterin, an. Sie habe sich verbrannt und bitte sie, zu kommen und eine Salbe mitzunehmen. Als Maria Teofili dann um halb sechs in der Wohnung der Schriftstellerin im Palazzo Sacchetti ankam, konnte Ingeborg Bachmann noch die Tür öffnen, blieb auch, trotz der schweren Verbrennungen, bei Bewußtsein, solange Frau Teofili bei ihr war. Auf dem Boden lag ein verbrannter wollener Bettschal, im Bad verkohlte Reste des Nachthemds. Sie dürfte im Bad ohnmächtig geworden sein, mit einer Zigarette vornüber gesunken. So erklärte sich der behandelnde Arzt, Dr. Paolo Lombardi, später, im Krankenhaus, die Position der Wunden.

Maria Teofili sah das Ausmaß der Verbrennungen, rief den Rettungswagen und suchte ein Ausweisdokument der Schriftstellerin. Als sie keines fand, nahm sie, anstelle eines persönlichen Dokuments, die italienische Übersetzung des Romans *Malina* mit. Ingeborg Bachmanns *Buch* von den Leiden des Schreibens, vom gefährlichen Leben des Künstlers: *[…] c'era una volta un mazzo di gigli di Constantinopoli e un mantello nero … Il mio regno, la mia terra della Ungargasse, che ho tenuto con le mie mani mortali, la mia terra meravigliosa, che ora non e piu grande del mio fornello che comincia ad arroventarsi mentre il resto dell acqua cola attraverso il filtro … Debbo stare attenta a non cadere con la faccia sul fornello, a non mutilarmi da sola, an non bruciarmi, perche Malina altrimenti dovrebbe telefonare alla polizia e al pronto soccorso dovrebbe ammettere che per colpa della sua trascurezza una donna si è quasi bruciata.*[412]

Frau Teofili fuhr mit in die Klinik Sant'Eugenio. Vor dem Krankenhausaufzug blieb sie mit dem Buch zurück. Einmal hatte sie zu Ingeborg Bachmann gesagt, sie könne *Malina* nicht lesen, ohne darin die Person der Verfasserin sehen zu müssen, und zur Antwort bekommen: «Vielleicht sind Sie die einzige, die das Buch verstanden hat.»[413]

Die Verbrennungen waren so schwer, daß es wenig Hoffnung auf ein Überleben gab. Sie wachte nur mehr selten auf. Am 17. Oktober 1973, um sechs Uhr früh, starb sie. Die Tote wurde auf Wunsch der Familie nach Klagenfurt überführt und dort auf dem Friedhof Annabichl bestattet. Zu Lebzeiten soll sie gesagt haben, daß sie gern auf dem Protestantischen Friedhof in Rom, zwischen den Gräbern von Shelley und Keats, begraben sein wollte.

Es gab ein gerichtliches Nachspiel, weil Freunde der Schriftstellerin, unter ihnen Hans Werner Henze, am 11. November 1973 in Rom bei der Prokuratur eine Anzeige wegen Mordverdacht erstatteten. Der Verdacht ging von dem Umstand aus, der auch den behandelnden Arzt im Krankenhaus, Dr. Lombardi, beunruhigt hatte: wie jemand sich so schwere Verbrennungen zuziehen konnte, ohne aus dem Schlaf aufzuwachen. Ein Faktum, daß sich dann aus der herabgesetzten Schmerzempfindung durch Alkohol- und Medikamentenkonsum erklärte. Nach der Einvernahme einiger Personen aus der näheren Bekanntschaft Ingeborg Bachmanns wurde der Akt 7006/1-3e am 15. Juli 1974 mit der Feststellung abgeschlossen, daß kein Fremdverschulden vorliege, «deceduta a seguito di gravi ustioni riportate accidentalmente»[414]. Es war kein Mord, sondern ein Unfall.

Ein Zufall. Wenn es aber um Zufälle geht, *muß […] etwas weit zurückliegen*[415].

«Jemand, auf dessen ernsthaften Umgang mit den Wörtern du seit langem zählst»

Malina erschien im März 1971. Ingeborg Bachmanns Roman, ein seit langem erwartetes literarisches Ereignis, stieß bei der Literaturkritik vor allem auf Verwirrung und Abwehr. Man konnte mit der *inwendigen* Handlung dieses Buchs nichts anfangen. Von «Versponnensein in die eigene Subjektivität» war die Rede, von Zeitferne und unendlicher Distanz zur Wirklichkeit, in die sich «die Bachmann» entfernt hatte. Als im Oktober 1972 *Simultan* publiziert wurde, hatte man mit *Malina* eine Negativfolie, vor der sich die konkreteren Figuren der Erzählungen abheben ließen – «Sie haben ein Thema, eine Figur – und handeln das ab», was immer das heißen mochte. Nun lautete der Hauptvorwurf «Preziosität», und wie schon bei *Malina* – ein «schwarzes Spiegelbild» der «Love Story» – konstatierte man eine bedenkliche Nähe zur Trivialliteratur. Und dabei war doch schon im Roman das Spiel mit trivialen Literaturformen, mit Melodrama, Schauer- und Kriminalroman, ein Teil der komponierten Simultaneität, «Bewußtsein der Unwahrheit des Wahren», mit dem «jegliche Kunst am Humor» partizipiert, «und vollends die verfinsterte Moderne».[416]

Eine Geschichte wie *Ihr glücklichen Augen* in *Simultan* kann man als banale Story über den Satz lesen, daß Liebe blind macht. Aber in dem ironischen Spiel mit literarischen und philosophischen Anspielungen stellt der Titel auch eine Beziehung zu Goethes Lied des Türmers im Zweiten Teil des «Faust» her, und die Widmung für den «wilden Psychoanalytiker» Georg Groddeck läßt an dessen Buch «Vom Sehen, von der Welt des Auges und vom Sehen ohne Augen» denken. So wird von den ersten Sätzen im kulturellen Verweissystem der «sehr ernsten Scherze» (Goethe) das Unbehagen in einer durchschauten lieblosen Welt instrumentiert. *Mit 2,5 rechts und 3,5 links hat es angefangen*, das ist der erste Satz der Erzählung, der die *kranken optischen Systeme* der Protagonistin benennt und in der Thematisierung von Sehen und Nichtsehen das Grundmotiv anklingen läßt, das nicht erst seit der Rede vor den Kriegsblinden die *unverwechselbare Wortwelt, Gestaltenwelt und Konfliktwelt* von Ingeborg Bachmanns Werk bestimmt: *Schöne Sonne*, heißt es im hymnischen Gedicht *An die Sonne*, *Darum werde ich [...] deinetwegen und bald endlos und wie um nichts sonst / [...] Klage führen über den unabwendbaren Verlust meiner Augen.*[417]

Marcel Reich-Ranicki hat in seiner Kritik an *Simultan* zu einer persönlichen Generalabrechnung mit der Autorin ausgeholt, wie schon beim Erscheinen des ersten Erzählbands, *Das dreißigste Jahr* (1961), von der «gefallenen Lyrikerin» gesprochen und sein Urteil, das zu den großen Gemeinheiten im Literaturbetrieb gehört, gefällt: Ingeborg Bachmann «ist und bleibt [...] eine gefallene Lyrikerin», der Roman *Malina* «ein trübes Gewässer», und die «preziös-anachronistische Prosa» von *Simultan* vielleicht nur «Lesestoff für jene Damen, die beim Friseur oder im Wartezimmer des Zahnarztes in Illustrierten blättern». «Bewußt und zynisch angestrebte Trivialliteratur also?» (Berliner Allgemeine Zeitung, 16. März 1973)

Seit dem Erscheinen ihres ersten Prosabandes *Das dreißigste Jahr* am Beginn der sechziger Jahre hatte Ingeborg Bachmann nicht mehr auf die ungeteilte Zustimmung der Kritik rechnen können. Als Prosaautorin mußte sie sich zeitlebens unverstanden fühlen. Das Wort von der «lyrischen Prosa», das Anfang der sechziger Jahre in Umlauf kam, zielte auf die angebliche private Unverbindlichkeit ihrer Erzählungen, auf fehlende realistische «Objektivation» oder einen Zug «ins Unverbindlich Rhapsodische». Zu den ersten, welche die ästhetische und historische Besonderheit dieser Erzählungen verteidigten, gehörte Christa Wolf. Im Oktober 1972 erschien in den «Frankfurter Heften» ihr Essay, den sie für die DDR-Ausgabe von Bachmanns erstem Erzählband (1966) verfaßt hatte. «Ingeborg Bachmann ist keine ursprüngliche Erzählerin, wenn man darunter verstehen will, daß jemand unbefangen Geschichten erzählen und sich dabei vergessen kann. Sie berichtet keine Fälle, sondern denkt über Fälle nach – über den ‹Grenzfall, der in jedem Fall steckt›. Die Lyrikerin verleugnet sich nicht: Bloßlegung eines überliefernswerten Menschen auch hier. Überliefernswert, weil bereit und fähig, wichtige Konflikte der Zeit in sich auszutragen.»[418] Zehn Jahre später trug Christa Wolf mit ihren Frankfurter Poetik-Vorlesungen zur literaturwissenschaftlichen Neuentdeckung Ingeborg Bachmanns als Prosaschriftstellerin bei. Ihre vierte und letzte Vorlesung hielt sie vor allem über den Romanzyklus *Todesarten.* Mit diesen Romanen nähere sich Bachmann «einer anderen Art zu erzählen», die sich darin manifestiere, «daß sie die Erfahrung der Frau, die sie ist, nicht in ‹Kunst› ertöten kann»[419]. 1978 war die vierbändige Werkausgabe im Piper Verlag erschienen, die mit dem Abdruck von Fragmenten aus dem Roman *Der Fall Franza* und *Requiem für Fanny Goldmann* einen ersten Einblick in das Romanprojekt der *Todesarten* ermöglichte. Die breite Wirkung dieser ersten, exemplarisch auswählenden Edition der *Todesarten* war dann die Voraussetzung für die fünfbändige «Kritische Ausgabe» unter dem Titel «‹Todesarten›-Projekt» (1995).

Aber neben dieser umwegigen kritischen Rezeption der Prosaautorin wurden sowohl *Malina* als auch *Simultan* gleich bei ihrem Erscheinen von den Leserinnen und Lesern entdeckt, monatelang stand der Roman auf der Bestsellerliste, und heute, 25 Jahre nach dem Tod Ingeborg Bachmanns, werden das Buch mit den sieben Siegeln – ein «Nachtwald voller Fragen» – und die angeblich elitären Erzählungen von *Simultan* bereits von einer neuen Lesergeneration gelesen. Eine Zeitlang schien es sogar, als gerate die Lyrikerin in Vergessenheit, als würden die jungen feministischen Literaturwissenschaftlerinnen nur mehr die Verfasserin der *Todesarten*-Romane kennen und die Lyrik als vormodernen Rest vergessen.

Aber ob Gedicht, Erzählung, Roman oder theoretischer Essay, immer wird es bei der Lektüre die Erfahrung geben, «plötzlich mitten ins Herz getroffen» zu werden. «Das ist so furchtbar, als würde die ganze Welt zusammenbrechen. Sie hatte Mut, Humor und etwas Kindhaftes, aber hauptsächlich ist da ein großer Schmerz über die Menschen und über das Verhängnis, das zwischen Männern und Frauen waltet. Dahinter jedoch spürt man eine ungeheure Sehnsucht nach Liebe» (Ursula Höpfner).

Solche unspektakulären Erfahrungen der Leserinnen und Leser halten ihr Werk lebendig, und sie gehören zum Schönsten, was über eine Schriftstellerin gesagt werden kann. Wie die Sätze in Christa Wolfs «Kindheitsmuster», wo der Tod Ingeborg Bachmanns als «dunkler Faden» ins Gewebe des eigenen Lebens und Schreibens einschießt: «Es ist Freitag, der 19. Oktober 1973, ein kühler, regenreicher Tag, 18 Uhr 30 Minuten. In Chile hat die Militärjunta den Gebrauch des Wortes ‹compañero› verboten. Es gibt also keinen Grund, an der Wirksamkeit von Wörtern zu zweifeln. Auch wenn jemand, auf dessen ernsthaften Umgang mit den Wörtern du seit langem zählst, keinen Gebrauch mehr von ihnen machen kann, sich gehenläßt und diese Tage zeichnet mit dem Satz: Mit meiner verbrannten Hand schreibe ich von der Natur des Feuers. Undine geht. […] Ein dunkler Faden schießt in das Muster ein. Unmöglich, ihn fallen zu lassen. Ihn aufzuheben beinahe noch zu früh.» Oder Jean Amérys Nachruf mit dem Titel «Am Grabe einer ungekannten Freundin»[420]. Sie hatte ihn in ihrer letzten Erzählung *Drei Wege zum See* gewürdigt als den Autor des Essays *Über die Tortur*, der das Leben der Protagonistin, der Journalistin Elisabeth Matrei, veränderte, weil er ihr ein Bewußtsein vom Unsäglichen der Zerstörung eines Menschen gab. *Sie wollte diesem Mann schreiben*, aber sie *kam nie dazu, diesen Brief zu schreiben.*[421] In seinem Nachruf sprach Jean Améry vom «Gefühl der Schicksalsgemeinschaft», das ihn nicht losließ, von einer «Verbindung», die sich in «tiefste Schichten ein[senkte]»: «Von meiner Seite aus wurde sie zur Solidarität […].» Sie habe «seither nicht aufgehört», ihm «nahe zu sein»[422]. Der Tag, an dem Jean Améry in Salzburg den Freitod wählte, war der 17. Oktober 1978, genau der fünfte Todestag Ingeborg Bachmanns.

Oder die Worte, die Hubert Lengauer bei der Umbenennung des Klagenfurter Jergitsch-Gymnasiums in Ingeborg-Bachmann-Gymnasium gefunden hat. Besser kann man nicht ausdrücken, was für Ingeborg Bachmann die *Untrennbarkeit* von Realität und Kunst, von Alltag und Politik bedeutete: «Nicht immer rettet aber die Sprache, […] sie macht auch einsam, sie exiliert und läßt verstummen. […] Für Schweigen, Trauer, Angst, Entfremdung, Isolation haben die Leistungsbeurteilungen der Schule wie des Lebens häufig nur ein ‹Nicht Genügend› als Zensur zur Verfügung. […] Von Ingeborg Bachmann wäre der Respekt gerade vor jenen Zuständen zu lernen.»

Anmerkungen

Folgende Abkürzungen werden verwendet:

Werke, Bd. I–IV = Ingeborg Bachmann: Werke. Hg. von Christine Koschel, Inge von Weidenbaum, Clemens Münster. München, Zürich 1978, Piper Verlag

TA-Projekt, Bd. I–IV = Ingeborg Bachmann: «Todesarten»-Projekt. Kritische Ausgabe Bd. I–IV. Unter Leitung von Robert Pichl hg. von Monika Albrecht und Dirk Göttsche. München, Zürich 1995, Piper Verlag

G.u.I. = Ingeborg Bachmann: Wir müssen wahre Sätze finden. Gespräche und Interviews. Hg. von Christine Koschel und Inge von Weidenbaum. München, Zürich 1983, Piper Verlag

Alle in der Bibliographie zitierten Werke werden hier nur mit Kurztiteln angeführt.

1 Die von mir eingesehenen handschriftlichen Tagebuch-Aufzeichnungen setzen vor dem Eintritt in die Lehrerbildungsanstalt Klagenfurt, Spätsommer 1944, ein, die letzten Aufzeichnungen sind mit 14. Juni 1945 datiert. Das Manuskript befindet sich im Privatbesitz der Geschwister Ingeborg Bachmanns, Isolde Moser und Heinz Bachmann, den Erben des Nachlasses der Schriftstellerin. Für die Abdruckerlaubnis einiger wichtiger Passagen dieser Aufzeichnungen und anderer unveröffentlichter Textzitate im Rahmen meiner Monographie möchte ich den Nachlaß-Erben an dieser Stelle herzlich danken.

2 Zur ungewöhnlichen Belesenheit in der Literatur, die von den Nazis verboten worden war, vgl. Hans Weigel: «Sie hatte in Klagenfurter Bibliotheken während des Krieges jene Bücher verlangt, die nicht verliehen werden durften und auf Dachböden versteckt waren» (Hans Weigel: In Memoriam. Graz, Wien, Köln 1979, S. 15).

3 Das Zitat aus Ilse Aichingers Roman «Die größere Hoffnung» steht in der aufschlußreichen Roman-Interpretation von Ruth Klüger: «Die Ödnis des entlarvten Landes»: Antisemitismus im Werk jüdisch-österreichischer Autoren. In: R. Klüger: Katastrophen. Über deutsche Literatur. Göttingen 1994, S. 80.

4 Vgl. Hanns Haas: Kärntner Slowenen – Geschichte als politische Information. In: Zeitgeschichte 3 (1975), S. 90. Zu den nicht reflektierten historischen Zusammenhängen in Bachmanns Erzählung gehört auch, daß das Gailtal bei ihr fast als rein deutschsprachiges Gebiet erscheint.

5 Das Honditschkreuz. Eine Erzählung aus dem Jahre 1813, Werke, Bd. II, S. 491. Die Brücken-Metapher korrespondiert mit Josef Friedrich Perkonigs Bild vom «Steg», das er im Nachwort seiner Erzählung «Der Guslaspieler» für die Grenze verwendet (vgl. dazu Karlheinz Rossbacher: Josef Friedrich Perkonig. Autobiographie als Beschreibung einer Wandlung. In: Österreich in Geschichte und Literatur 1987, S. 117).

6 Unter Mördern und Irren, Werke, Bd. II, S. 183: «Denn was für die anderen einfach ein Kriegsschauplatz war, das war für mich ein Mordschauplatz.»

7 Das Honditschkreuz, Werke, Bd. II, S. 596 f. Vgl. dazu Andreas Hapkemeyer: Ingeborg Bachmanns früheste Prosa. Struktur und Thematik, Bonn 1982, bes. S. 17 ff.

8 Interview mit Toni Kienlechner, 9. April 1971, G.u.I., S. 99 f.

9 Das Honditschkreuz, Werke, Bd. II, S. 582.

10 Malina, Werke, Bd. III, S. 176.

11 Carmen Ruidera. Ein Trauerspiel in fünf Aufzügen (5. Aufzug, 12. Auftritt), Nachlaß Bl. 5514.

12 Entstehung eines Librettos, Werke, Bd. I, S. 371.

13 Interview mit Gerda Bödefeld, 24. Dezember 1971, G.u.I., S. 111.

14 So die Auskunft von Ingeborg Bachmanns Schwester, Isolde Moser.

15 Kärntner Tagblatt, 6. April 1938, zit. n. Uwe Johnson: Reise nach Klagenfurt. Frankfurt a. M. 1974, S. 40.

16 Heinrich Böll: Spurensicherung. Über Uwe Johnsons «Eine Reise nach Klagenfurt». In: H. Böll: Einmischung erwünscht. Schriften zur Zeit. Köln 1977, S. 173.

17 Ebenda, S. 173

18 Die beiden einzigen zusammenhängenden Seiten des Typoskripts «Versuch einer Autobiographie» tragen die Nachlaßnummern 849 und 850; auf Bl. 2428 stehen nur die Sätze: «Obervellach 21 war früher ein Holzhaus, ist im Jahr 1914 niedergerissen worden. In einem Balken des Dachstuhles war das Erbauungsjahr 1794 eingeschnitten.»

19 Ebenda, Bl. 850.

20 «Diese Durchlaßstraße (Jugend in einer österr. Stadt), obwohl ich sie mit sieben Jahren verlassen habe, ist mit schweren ältesten Erinnerungen beladen.» (Versuch einer Autobiographie, Nachlaß Bl. 849)

21 Ebenda, Bl. 850.

22 Vgl. Interview mit Josef-Hermann Sauter, 15. September 1965, G.u.I., S. 61: Bachmann nimmt hier Goethes Begriff von Gelegenheitsdichtung ganz entschieden für sich in Anspruch: «Alle meine Gedichte sind durch die Wirklichkeit angeregt und haben darin Grund und Boden.»

23 Mein Vogel, Werke, Bd. I, S. 96.

24 Die Herausgeber des «Todesarten»-Projekts haben diesen von Ingeborg Bachmann in einem Brief an Klaus Piper (2. Juni 1966) favorisierten Titel für den ersten «Todesarten»-Roman gewählt: «Wegen des Titels bin ich jetzt wieder zu meinem ursprünglichen zurückgekommen. DAS BUCH FRANZA (die anderen waren: FRANZA oder DER FALL FRANZA).»

25 Der Fall Franza. Roman, Werke, Bd. III, S. 356.

26 Ebenda, S. 373 und S. 372.

27 Malina, ebenda, S. 89.

28 Prag Jänner 1964, Werke, Bd. I, S. 169.

29 Biographisches, Werke, Bd. IV, S. 301 f.

30 Werke, Bd. II, S. 88 f. Die zunächst in der römischen Zeitschrift «Botteghe Oscure» 23 (1959) erschienene Erzählung eröffnete dann den 1961 bei Piper erschienen Erzählband «Das dreißigste Jahr».

31 Interview mit Gerda Bödefeld, 24. Dezember 1971, G.u.I., S. 111.

32 «Es ist wohl möglich, die fremden Familien ihrer Verbrechen und Defekte zu zeihen, aber die eigene, mit ihren schwärenden Eiterbeulen, nie, die werde ich nie verraten. Und doch ist mir mehr erlaubt, an unserer Familie zu sehen als an jeder anderen. Ein großes Aug ist mir für unsere Familie gewachsen, ein großes Ohr geworden für ihre Sprachen, ein großes Schweigen mir geworden über soviel, das aus großer Nähe zu verschweigen ist. Schweigen wir. Unsere Familie, die sich auf der Erde ausgebreitet hat, wie die Menschheit inmitten von fremden Geschöpfen, unsere Familie, von der die Welt unheilbar geworden ist.» (Werke, Bd. II, S. 275)

33 Vgl. Antonio Fian: Drei Kinder aus Kärnten. Kleines Porträt eines österreichischen Bundeslandes anhand autobiographischer Texte von Ingeborg Bachmann, Werner Kofler und Josef Winkler. In: du 9 (1994), S. 26. Vgl. auch Bernhard Perchinig: «Wir sind Kärntner und damit hat

sich's …». Deutschnationalismus und politische Kultur in Kärnten. Klagenfurt/Celovec 1989, S. 113.

34 Klaus Amann, Johann Strutz: Das literarische Leben. In: Helmut Rumpler (Hg.): Kärnten. Von der deutschen Grenzmark zum österreichischen Bundesland. Wien, Köln, Weimar 1998, S. 549.

35 Von einem Land, einem Fluß und den Seen, Werke, Bd. I, S. 88f.

36 Zit. n. Antonio Fian, du 9 (1994), S. 26.

37 Vgl. Martin Fitzl: «… für Volk und Reich und deutsche Kultur». Die «Kärntner Wissenschaft» im Dienste des Nationalsozialismus. Mit einem Vorwort von Erika Weinzierl. Klagenfurt/Celovec 1992, S. 147f.

38 Karlheinz Rossbacher bezeichnet ihn als eine «Beispielgestalt für den Weg von nationalistischer Unversöhnlichkeit zu späterer Versöhnung» (vgl. K. Rossbacher: Josef Friedrich Perkonig. Autobiographie als Beschreibung einer Wandlung. In: Österreich in Geschichte und Literatur [1977], S. 110).

39 Werke, Bd. III., S. 174ff.

40 Vgl. die hellsichtige Analyse dieser Traumszene bei Irene Heidelberger-Leonard: Ingeborg Bachmanns «Todesarten»-Zyklus und das Thema Auschwitz. In: Robert Pichl, Alexander Stillmark (Hg.): Kritische Wege der Landnahme, S. 122f.

41 Alle Zitate stammen aus den handschriftlichen Tagebuchblättern, vgl. Anm. 1.

42 Vgl. Sigmund Freud: Abriß der Psychoanalyse. Frankfurt a. M. 1953, S. 60.

43 Brief vom 10. Oktober 1945 aus Arzl. In: Ingeborg Bachmann: Briefe an Felician. Mit acht Kupferaquatinta-Radierungen von Peter Bischof. München, Zürich 1991, S. 35.

44 Werke, Bd. I, S. 84 u. S. 93.

45 Vgl. Robert Pichl: Dr. phil. Ingeborg Bachmann. Prolegomena zur kritischen Edition einer Doktorarbeit. In: Jb. d. Grillparzer-Gesellschaft 3. Folge, Bd. 16 (1984–86), S. 170f.

46 27. Juni 1945, Briefe an Felician, a.a.O., S. 19.

47 Ebenda, S. 34.

48 Ich frage (2 XI 45). Nachlaß Bl. 5788.

49 Nachlaß Bl. 6188. Zit. n. Susanne Bothner: Ingeborg Bachmann, S. 103f.

50 Briefe an Felician, a.a.O., S. 35.

51 Ebenda, S. 41.

52 Zit. n. «Vorwort» von Isolde Moser, Briefe an Felician, a.a.O., S. 5.

53 Ebenda, S. 13.

54 Ebenda, S. 19

55 Ebenda, S. 41.

56 Das Unglück und die Gottesliebe – Der Weg Simone Weils, Werke, Bd. IV, S. 149. Zum Begriff der «Kontinuitäten» vgl. Karl Müller: Zäsuren ohne Folgen. Das lange Leben der literarischen Antimoderne Österreichs seit den 30er Jahren. Salzburg 1990.

57 Interview mit Toni Kienlechner, 9. April 1971, G.u.I., S. 99f.

58 Malina, Werke, Bd. III, S. 22f.

59 Christa Wolf: Voraussetzungen einer Erzählung: Kassandra. Frankfurter Poetik-Vorlesungen. Darmstadt und Neuwied 1983, S. 148f.

60 Ich beziehe mich hier auf Inge von Weidenbaums Aufsatz «Artikulierte Offenheit und das Geheimnis einer frühen literarischen Begegnung». In: studi germanici (nuova serie) anno XXXIV, 2–3 (1996). Vgl. auch I. v. Weidenbaum: Ist die Wahrheit zumutbar? In: Bernhard Böschenstein, Sigrid Weigel: Poetische Korrespondenzen. Vierzehn Beiträge. Frankfurt a. M. 1997, S. 23–28.

61 «Ich werde Dir bald wieder nahe kommen. Du wirst meine Blätter halten. Ach, sie werden Dir natürlich nicht wie diese Briefe erzählen

was du mir warst und bist, aber vielleicht wirst Du staunend Deinen Namen lesen […] Grüße und einen leisen Kuß auf Deine müde Stirne.» (Briefe an Felician, a. a. O., S. 39)

62 Vgl. Inge von Weidenbaum: Artikulierte Offenheit und das Geheimnis einer frühen literarischen Begegnung, a. a. O., Anm. 60.

63 Drei Jahre später wird diese Erzählung in einer revidierten Fassung in der «Wiener Tageszeitung. Zentralorgan der Österreichischen Volkspartei», 24. April 1949, noch einmal publiziert (vgl. Werke, Bd. II, S. 603).

64 Werke, Bd. II, S. 10 ff.

65 Werke, Bd. I, S. 109 f.

66 Malina, Werke, Bd. III, S. 22.

67 Briefe an Felician, a. a. O., S. 33.

68 Die Welt Marcel Prousts – Einblicke in ein Pandämonium, Werke, Bd. IV, S. 177.

69 Rede zur Verleihung des Anton-Wildgans-Preises, Werke, Bd. IV, S. 295.

70 Einem Feldherrn, Werke, Bd. I, S. 47 f.

71 Heimweg, Werke, Bd. I, S. 102 f.

72 Mein Vogel, Werke, Bd. I, S. 96 f.

73 Malina, Werke, Bd. III, S. 23.

74 Interview mit Toni Kienlechner, 9. April 1971, G.u.I., S. 95.

75 Reinschrifttyposkript, Nachlaß, Bl. 6188, zit. n. Susanne Bothner: Ingeborg Bachmann, S. 103 f.

76 Auf diese Zusammenhänge dürfte Ingeborg Bachmann später bei der Lektüre der von ihr geschätzten kulturkritischen Studie «Eros and Civilisation / Triebstruktur und Gesellschaft» von Herbert Marcuse gestoßen sein (vgl. Hans Werner Henze: Reiselieder mit böhmischen Quinten. Autobiographische Mitteilungen 1926–1995. Frankfurt a. M. 1996, S. 251).

77 Hans Wollschläger: Joyce pro toto oder Tiefenmuster als Sprache. In: Der Rabe 9, S. 183.

78 Werke, Bd. IV, S. 301.

79 Der Brief befindet sich in der Handschriftenabteilung der Österreichischen Nationalbibliothek. (716 / 25 [1]).

80 Vgl. Ernst Hanisch: Der lange Schatten des Staates. Österreichische Gesellschaftsgeschichte im 20. Jahrhundert, Wien 1994, S. 409.

81 Sigrid Schmid-Bortenschlager: Neuanfang oder Wiederbeginn in Österreich. In: Horst Albert Glaser (Hg.): Deutsche Literatur zwischen 1945 und 1995. Eine Sozialgeschichte. Bern, Stuttgart, Wien 1996, S. 81 ff.; Walter Weiss: Zwischenbilanz. Eine Anthologie. In: W. Weiss, Sigrid Schmid: Zwischenbilanz. Eine Anthologie österreichischer Gegenwartsliteratur. München 1978, S. 9 ff.

82 Zit. n. Wendelin Schmidt-Dengler: Bruchlinien. Vorlesungen zur österreichischen Literatur 1945 bis 1990. Salzburg 1995, S. 22 bzw. S. 36.

83 Max Frisch: Tagebuch 1946–1949. In: M. Frisch: Gesammelte Werke in zeitlicher Folge. Bd. II.2. Hg. von Hans Mayer unter Mitwirkung von Walter Schmitz. Frankfurt a. M. 1976, S. 552.

84 Frankfurter Vorlesungen: Probleme zeitgenössischer Poetik, Werke, Bd. IV, S. 230.

85 Werke, Bd. III, S. 90.

86 Vgl. Otto Breicha: Die neue österreichische Lyrik nach 1945. In: Wort in der Zeit 2 (1964), S. 4 ff.

87 Vgl. Sigrid Schmid-Bortenschlager: Neuanfang oder Wiederbeginn in Österreich, a. a. O., S. 86.

88 Andreas Okopenko: Die schwierigen Anfänge österreichischer Progressivliteratur nach 1945. In: Protokolle '75, S. 3.

89 Zit. n. Helmut Böttiger: Orte Paul Celans. Wien 1996, S. 109.

90 Von «Angst und Demütigung

spricht diese Prosa», aber im «Brennpunkt steht, völlig paradox, die Hoffnung», so Richard Reichensperger in seinem schönen Aichinger-Essay (Die Bergung der Opfer in der Sprache. Über Ilse Aichinger – Leben und Werk. Frankfurt a. M. 1991, S. 8f.). Zur «größeren Hoffnung» gehöre der «Widerstandsgeist der Kinder, ihre Ablehnung jeder billigen Vertröstung; gehört die Auseinandersetzung mit dem Tod».

91 Entfremdung, in: Lynkeus 1 (1948), S. 31. Vgl. die Analyse des Gedichts im Kontext der Zeitschrift «Lynkeus» bei Rüdiger Wischenbart: Der literarische Wiederaufbau in Österreich 1945–1949. Am Beispiel von sieben literarischen und kulturpolitischen Zeitschriften. Königstein/Ts. 1983, S. 126.

92 Vgl. Heinz Lunzer: Der literarische Markt 1945 bis 1955. In: Friedbert Aspetsberger, Norbert Frei, Hubert Lengauer (Hg.): Literatur der Nachkriegszeit und der fünfziger Jahre in Österreich. Wien 1984, S. 24ff.

93 Hans Weigel: Wohnadresse: Café Raimund. In: Wolfgang Kudrnofsky: Vom Dritten Reich zum Dritten Mann. Wien, München, Zürich 1973, S. 239ff.

94 RAVAG, Abkürzung für Radio-Verkehrs-Aktiengesellschaft. Aus ihr ging in den fünfziger Jahren der ORF hervor.

95 Lynkeus 1 (1948), S. 30f.

96 Vgl. Hans Weigel: In Memoriam, a.a.O, S. 21f.

97 Vgl. Ingeborg Bachmann, Brief an Rudolf Felmayr vom 12. Mai 1949.

98 Vgl. Jörg Mauthe: Script-Departement – was ist das? In: Wolfgang Kudrnofsky: Vom Dritten Reich zum Dritten Mann, a.a.O., S. 247ff.

99 Vgl. Werke, Bd. I, S. 665; eine spätere Übersetzung von «Mannerhouse», unter dem Titel «Herrenhaus» von Peter Sandberg (Rowohlt Verlag, Hamburg 1953), ist ebenfalls von Ingeborg Bachmann für den Rundfunk bearbeitet worden.

100 Ein Geschäft mit Träumen, Werke, Bd. I, S. 212. Ein größerer Ausschnitt des Hörspiels wurde in Hans Weigels Jahrbuch «Stimmen der Gegenwart», Wien 1953, abgedruckt.

101 ÖNB, Nr. 716/25 (4)

102 Hermann Hakel: Dürre Äste, welkes Gras. Begegnungen mit Literaten. Bemerkungen zur Literatur. Wien 1991, S. 206 bzw. S. 204f.

103 Hans Werner Richter: Im Etablissement der Schmetterlinge. Einundzwanzig Portraits aus der Gruppe 47. München 1987, S. 110.

104 Klaus Briegleb: Ingeborg Bachmann, Paul Celan: Ihr (Nicht-)Ort in der Gruppe 47 (1952–1964/65). Eine Skizze. In: Bernhard Böschenstein, Sigrid Weigel: Ingeborg Bachmann, Paul Celan, S. 51f.

105 Vgl. Sigrid Schmid-Bortenschlager: Die Etablierung eines literarischen Paradigmas. Hans Weigels «Stimmen der Gegenwart». In: Literatur in Österreich von 1950 bis 1965. Mürzzuschlag 1985, S. 38ff.

106 Paul Celan, Karte an Alfred Margul-Sperber (11. Februar 1948), zit. n. Helmut Böttiger: Orte Paul Celans, a.a.O., S. 108.

107 Unter Mördern und Irren, Werke, Bd. II, S. 172.

108 Ebenda, S. 159.

109 Ebenda, S. 185.

110 Im Styria-Verlag 1992, mit einem Nachwort des Autors versehen, wiederaufgelegt: Hans Weigel: Unvollendete Symphonie. Roman. Graz, Wien, Köln 1992.

111 Zit. n. d. Klappentext der Neuauflage 1992. Vgl. auch das Nachwort, S. 197: «Und da alles so lang zurückliegt, kann ich die Vorgänge, soweit sie privat sind, entschlüsseln und der Welt mitteilen, daß es

sich um meine Kollegin Ingeborg Bachmann handelt.»

112 Vgl. Elke Brüns: Apokryphe Erinnerung. Zu den intertextuellen Bezügen von Ingeborg Bachmanns «Malina» und Hans Weigels «Unvollendete Symphonie». In: ZdPh 113 (1994), S. 277–292.

113 Hans Weigel: Unvollendete Symphonie, a. a. O., S. 73; vgl. dazu Elke Brüns: Apokryphe Erinnerung, a. a. O., S. 284.

114 Hans Weigel: Unvollendete Symphonie, a. a. O., S. 74.

115 Ebenda, S. 76; vgl. Elke Brüns: Apokryphe Erinnerung, a. a. O., S. 283.

116 Hans Weigel: Unvollendete Symphonie, a. a. O., S. 9; vgl. Elke Brüns: Apokryphe Erinnerung, a. a. O., S. 285.

117 Malina, Werke, Bd. III, S. 12.

118 Zu diesem und den folgenden Verweisen vgl. Elke Brüns: Apokryphe Erinnerung, a. a. O., S. 286 ff.

119 Hans Weigel: Unvollendete Symphonie, a. a. O., S. 47.

120 Malina, Werke, Bd. III, S. 174; vgl. Elke Brüns, Apokryphe Erinnerung, a. a. O., S. 287 f.

121 Elke Brüns: Apokryphe Erinnerung, a. a. O., S. 288.

122 Requiem für Fanny Goldmann, Werke, Bd. III, S. 488.

123 Irene Heidelberger-Leonard: Ernst Goldmann-Geschichten und Geschichte. In: Irene Heidelberger-Leonard (Hg.): «Text-Tollhaus für Bachmann-Süchtige?» S. 84.

124 Hans Weigel: Ingeborg Bachmann. In: H. Weigel: In Memoriam, a. a. O., S. 14 ff.

125 Undine geht, Werke, Bd. II, S. 260.

126 Jean Améry: Trotta kehrt zurück (Die Weltwoche, 8. 11. 1972), zit. n. Michael Matthias Schardt (Hg.): Über Ingeborg Bachmann, S. 179.

127 Hans Weigel: Unvollendete Symphonie, a. a. O., S. 35 u. S. 22.

128 Vgl. z. B. ebenda, S. 165: «Du hast mit mir deinen Einzug in Wien [...] wiederholt, die Fahrt im Lastwagen, die dich im ersten Nachkriegswinter nach Wien geführt hat [...] ich habe alles in deiner Erzählung während unserer Fahrt miterlebt [...], wie wenn man als Erwachsener an Orte der Kinderzeit kommt. [...] Die ersten Stadtbahnstationen. Hütteldorf, Ober-St. Veit, Unter-St. Veit [...].»

129 Vgl. Jerry Glenn: Paul Celan in Wien. In: Die Pestsäule. Monatsschrift für Literatur und Kulturpolitik 16 (1977), S. 102.

130 Paul Celan: Ansprache anläßlich der Entgegennahme des Literaturpreises der Freien Hansestadt Bremen. In: Paul Celan: Ausgewählte Gedichte. Zwei Reden. Nachwort von Beda Allemann. Frankfurt a. M. 1968, S. 127.

131 Es handelt sich um siebzehn Gedichte aus Paul Celans Lyrikband «Der Sand aus den Urnen» (Plan 6, 2. Folge 1948, S. 363–369).

132 Paul Celan: Edgar Jené und der Traum vom Traume (1948). In: P. Celan: Werke, Bd. III, Frankfurt a. M., S. 157.

133 Paul Celan: Der Sand aus den Urnen. Wien 1948.

134 Vgl. den genauen Nachweis dieser Gedichte bei Christine Koschel: «Malina ist eine einzige Anspielung auf Gedichte.» In: Bernhard Böschenstein, Sigrid Weigel: Ingeborg Bachmann und Paul Celan, S. 22.

135 Malina, Werke, Bd. III, S. 195.

136 Wolfgang Emmerich: Begegnung und Verfehlung. In: Sinn und Form 2 (1996), S. 283.

137 Malina, Werke, Bd. III, S. 194 f.

138 Vgl. z. B. Ingeborg Bachmann: Dunkles zu sagen, Werke, Bd. I, S. 32.

139 Paul Celan: Edgar Jené und der Traum vom Traume, a. a. O., S. 157.

140 Werke, Bd. I, S 45.

141 Werke, Bd. I, S. 153.

142 Drei Wege zum See, in: Simultan, Werke, Bd. II, S. 415.
143 Paul Celan: Der Meridian. Rede anläßlich der Verleihung des Georg-Büchner-Preises. In: Paul Celan: Ausgewählte Gedichte, a.a.O., S. 142.
144 Im Celan-Nachlaß des Deutschen Literaturarchivs in Marbach werden 86 Briefe von Ingeborg Bachmann aus der Zeit von 1949 bis 1962 aufbewahrt; die Briefe Celans liegen versiegelt im Bachmann-Nachlaß in der Handschriftenabteilung der Österreichischen Nationalbibliothek in Wien.
145 Helmut Böttiger: Orte Paul Celans, a.a.O., S. 90.
146 Malina, Werke, Bd. III, S. 70.
147 Ebenda, S. 69.
148 Paul Celan: Stille! Vgl. dazu Böttiger: Orte Paul Celans, a.a.O., S. 84f.
149 Werke, Bd. I, S. 133.
150 Helmut Böttiger, Orte Paul Celans, a.a.O., S. 92 u. S. 94.
151 Aus einem Brief Ingeborg Bachmanns an Hans Weigel, zit. n. Bettina Steiner: «Die größte Wegruhe, das stärkste Zuhause». Briefe Ingeborg Bachmanns an Hans Weigel [...]. In: Die Presse, 14. August 1998, S. 23.
152 Paul Celan: Brief an Max Frisch vom 29. Mai 1960. In: Max Frisch: Jetzt ist Sehenszeit. Briefe, Notate, Dokumente 1943–1963. Hg. und mit einem Nachwort versehen von Julian Schütt. Frankfurt a. M. 31998, S. 236.
153 Ein Ort für Zufälle, Werke, Bd. IV, S. 278f.
154 Paul Celan: Edgar Jené und der Traum vom Traume, a.a.O., S. 156.
155 Vgl. Holger Gehle: Ingeborg Bachmann und Martin Heidegger. Eine Skizze. In: Dirk Göttsche, Hubert Ohl: Ingeborg Bachmann, S. 241–S. 252.
156 Ebenda, S. 249.
157 Ludwig Wittgenstein – Zu einem Kapitel der jüngsten Philosophiegeschichte, Werke, Bd. IV, S. 13.
158 Die kritische Aufnahme der Existentialphilosophie Martin Heideggers, phil. Diss., masch., Wien 1949/50, S. 116.
159 Denn eine neue Erfahrung wird gemacht und nicht aus der Luft geholt. Werke, Bd. IV, S. 190.
160 G.u.I., S. 140.
161 Werke, Bd. III, S. 406.
162 Interview mit Karol Sauerland, Mai 1973, G.u.I., S. 137.
163 Interview mit Ekkehart Rudolph, 23. März 1971, G.u.I, S. 82.
164 Homo Patiens. Versuch einer Pathodizee. Von Dr. Dr. Viktor E. Frankl. Privatdozent an der Universität Wien. Wien 1950, S. 8.
165 Ebenda, S. 9.
166 Werke, Bd. IV, S. 275. Übersehen werden sollte dabei nicht die Referenz zur Vorrede von Friedrich Nietzsches «Die fröhliche Wissenschaft»: «Erst der große Schmerz ist der letzte Befreier des Geistes [...]. Erst der große Schmerz, jener lange langsame Schmerz, der sich Zeit nimmt [...] zwingt uns Philosophen, in unsre letzte Tiefe zu steigen [...].» Zit. n. Ingeborg Dusar: Choreographien der Differenz, S. 55.
167 Siegfried Unseld erinnert sie in einem Brief (12. Juni 1959) an ein Gespräch über ihre Herausgeberschaft des «Tractatus»; im Brief vom 13. Dezember 1960 bedankt sich Siegfried Unseld bei ihr für ihren Hinweis auf Wittgenstein: «Jetzt ist er also erschienen. [...] und Du warst die Erste, die mich auf Wittgenstein aufmerksam gemacht hat.»
168 Der Mann ohne Eigenschaften, Werke, Bd. IV. S. 88f.
169 Ebenda, S. 87.
170 Ebenda, S. 98.
171 «Und es ist doch durchkomponiert und durchstrukturiert wie kein andres Buch des Jahrhunderts. Musil ist ein Stratege des Geistes,

der mit der faszinierendsten Intelligenz an der Ausführung seines Plans arbeitet.» Ebenda, S. 95.

172 Ebenda, S. 94.

173 Ebenda, S. 102.

174 Ebenda, S. 101.

175 Malina, Werke, Bd. III, S. 236.

176 Werke, Bd. IV, S. 81 u. S. 84 f.

177 Walter Jens: Deutsche Literaturgeschichte der Gegenwart. München 1961, S. 150.

178 Vgl. Klaus Briegleb: Ingeborg Bachmann, Paul Celan, a. a. O., S. 29 ff.

179 Gruppe 47 (Entwurf), Werke, Bd. IV, S. 325. Vgl. dazu die textkritische Bemerkung von Klaus Briegleb, Anm. 178, S. 56.

180 Gedichte aus dem Ghetto. Neue Römische Elegie. Ingeborg Bachmann. In: Der Spiegel, Jg. VIII, Nr. 34, 18. 8. 1954, S. 26–29, zit. n. Michael Matthias Schardt (Hg.): Über Ingeborg Bachmann, S. 14 bzw. S. 9.

181 Alfred Andersch verwendet dieses Wort in einem Brief an Ingeborg Bachmann, sie nimmt dazu im Antwortbrief an Andersch (15. Februar 1957) eher ausweichend Stellung, sie habe nichts damit zu tun und wisse nichts von solchen «Äusserlichkeiten».

182 Zitate aus Briefen an Oswald Döpke, der in den fünfziger Jahren die Hörspielabteilung von Radio Bremen leitete (Briefe vom Mai und Juli 1957), in: du, a. a. O., S. 38 f.

183 Werke, Bd. I, S. 37.

184 Karl Krolow: Politisch (1949). In: Gesammelte Gedichte. Frankfurt a. M. 1965, S. 135.

185 Alfred Andersch: Choreographie des politischen Augenblicks. Wolfgang Koeppen, «Der Tod in Rom». In: A. Andersch: Ein neuer Scheiterhaufen für alte Ketzer. Kritiken und Rezensionen. Zürich 1979, S. 32.

186 Hans Egon Holthusen: Variationen über Zeit und Tod. In: Deutsche Lyrik. Gedichte seit 1945. München 1963, S. 61.

187 Zu denken wäre an die epische Struktur von Bachmanns Hörspiel «Der gute Gott von Manhattan», das auch im Titel auf Brechts Modellstück des epischen Theaters, «Der gute Mensch von Sezuan», anspielt, oder an ihre Frankfurter Poetik-Vorlesungen, in denen sie sich gegen die ästhetisierende Vereinnahmung Brechts wendet (Werke, Bd. IV, S. 194). Bachmann plante eine Brecht-Anthologie unter dem Titel «Poetische Beispiele – Bertolt Brecht» in der Fischer Bücherei, zu der sie bereits ein Vorwort verfaßt hatte (Werke, Bd. IV, S. 365–367 u. S. 401). Vgl. Karen Achberger: «Kunst als Veränderndes»: Bachmann and Brecht. In: Monatshefte 83 / 1 (1991), S. 7–16.

188 Bertolt Brecht: Aus dem Lesebuch für Städtebewohner. In: B. Brecht: Ausgewählte Werke in sechs Bänden. Bd. III. Frankfurt a. M. 1997, S. 157.

189 Werke, Bd. I, S. 44.

190 Gerhard Wolf: An einem kleinen Nachmittag. Brecht liest Bachmann. In: Hans Höller (Hg.): Der dunkle Schatten, dem ich schon seit Anfang folge, S. 173–184.

191 Werke, Bd. I, S. 46.

192 Vgl. Hermann Dorowin: Le pitture nere di Ingeborg Bachmann. «Die gestundete Zeit» (1952). In: La lirica di Ingeborg Bachmann. Interpretazioni. Hg. von Luigi Reitani. Bologna 1996. S. 61 f.

193 Hilde Spiel: Das Neue droht, das Alte schützt nicht mehr. In: FAZ, 10. August 1974, zit. bei Dorowin: Le pitture nere di Ingeborg Bachmann, a. a. O., S. 1.

194 Peter Rühmkorf: Das lyrische Weltbild der Nachkriegsdeutschen. In: Geschichte der deutschen Literatur aus Methoden. Westdeutsche Literatur von 1945–1971. Hg. von

H. L. Arnold. Bd. II. Frankfurt a. M. 1972, S. 15.
195 Hans Egon Holthusen: Kämpfender Sprachgeist. In: H. E. Holthusen: Das Schöne und das Wahre, a. a. O., S. 256.
196 Malina, Werke, Bd. III, S. 337.
197 Frankfurter Poetik-Vorlesungen: Probleme zeitgenössischer Dichtung, Werke, Bd. IV, S. 197.
198 Ich frage (2. XI. 45), Nachlaß, Bl. 5788.
199 Dem Abend gesagt, Werke, Bd. I, S. 17. Den literaturgeschichtlichen Kontext dieser lyrischen Bilder erhellt Albert Bergers Aufsatz: Schwieriges Erwachen. Zur Lyrik der Jungen Generation in den ersten Nachkriegsjahren (1945–1948). In: Friedbert Aspetsberger, Norbert Frei, Hubert Lengauer (Hg.): Literatur der Nachkriegszeit und der fünfziger Jahre in Österreich, a. a. O., S. 190ff.
200 Vision (1952 zum ersten Mal in einer Hörfunk-Aufnahme des NWDR Hamburg veröffentlicht), Werke, Bd. I, S. 18.
201 Menschenlos, Werke, Bd. I, S. 19.
202 Ebenda, S. 52.
203 Ebenda, S. 85.
204 Ebenda, S. 110.
205 Brief an Oswald Döpke, Ende Juli 1957. In: du, a. a. O., S. 39.
206 Hans Werner Henze: Reiselieder mit böhmischen Quinten, a. a. O., S. 154ff.
207 Klaus Geitel: Hans Werner Henze. Berlin 1968, S. 61.
208 Hans Werner Henze: Reiselieder mit böhmischen Quinten, a. a. O., S. 154.
209 Nachlaß Bl. 2352, 2353 (Statement für das Film-Porträt von Gerda Haller: Ingeborg Bachmann in Rom, Juni 1973).
210 Notizen zum Libretto, Werke, Bd. I, S. 433.
211 Nachlaß Bl. 3495. Sehr schön dargestellt bei Verena Sophia Pilz: «Der junge Lord» von Ingeborg Bachmann und Hans Werner Henze. Bowling Green State University 1997. Vgl. auch die grundlegende Arbeit von Hartmut Spiesecke: Ein Wohlklang schmilzt das Eis.
212 Hans Werner Henze: Reiselieder mit böhmischen Quinten, a. a. O., S. 191.
213 Jede Jugend ist die dümmste, Werke, Bd. IV, S. 333f.
214 Freies Geleit, Werke, Bd. I, S. 161.
215 Musik und Dichtung, Werke, Bd. IV, S. 61.
216 Vgl. Interview mit Gerda Bödefeld, 24. Dezember 1971, G.u.I., S. 112: «Ich habe fast zu früh aufgehört mit der festen Arbeit, schon 1953. Weil ich damals einmal 1000 Mark als Honorar bekam, habe ich halt gedacht, davon könnt' ich ein ganzes Leben leben. Aber das ging nur kurze Zeit gut, und dann nahm ich wieder eine Nebenarbeit an.»
217 Werke, Bd. I, S. 138f.
218 profil, S. 50, zit. n. Verena Sophia Pilz: «Der junge Lord», a. a. O., S. 20.
219 Interview mit Andreas Hapkemeyer.
220 Werke, Bd. II, S. 431.
221 Hans Werner Henze: Die Krise des bürgerlichen Künstlers – Politisierung – Nutzbarmachung der Kunst für die Revolution (1971). Aus einem Gespräch mit Hansjörg Pauli. In: H.W. Henze: Musik und Politik. Schriften und Gespräche 1955–1975. München 1976, S. 146.
222 Die Zikaden, Werke, Bd. I, S. 268 u. S. 267.
223 Sehr differenziert bei Wolfgang Hädecke dargestellt: Die Hörspiele der Ingeborg Bachmann. In: Text und Kritik. Sonderheft Ingeborg Bachmann (6/1981), S. 44.
224 Die Zikaden, Werke, Bd. I, S. 262.
225 Friedhelm Kröll: Profil der Gruppe 47 – Ideologie der Ideologielosen. In: Kürbiskern 2/1978, S. 121.
226 Die Zikaden, Werke, Bd. I, S. 264.
227 Alfred Andersch: Die Kirschen

der Freiheit. Ein Bericht (1952). Zürich 1968, S. 127.
228 Wolfgang Koeppen: Das Treibhaus (1953). Stuttgart 1969, S. 362.
229 Ingeborg Bachmann: Römische Reportagen. Eine Wiederentdeckung. Hg. von Jörg-Dieter Kogel. München, Zürich 1998, S. 58f.
230 Ebenda, S. 63 u. S. 65.
231 Ebenda, S. 10f.
232 Ebenda, S. 27f.
233 Nachlaß Bl. 2040.
234 Frankfurter Poetik-Vorlesungen, Werke, Bd. IV, S. 198.
235 Interview mit Kuno Raeber, Januar 1963, G.u.I., S. 43f.
236 Tagebuch, Werke, Bd. IV, S. 69.
237 Nachlaß Bl. 2050f. (Die Blätter 2051, 2052 gehen von den Reflexionen bei der Lektüre eines politischen Buchs aus: Pietro Quarino, Botschafter in Bonn, über die Integration Europas, den Weltkonflikt. [...] Wunschträumerei verkleidet in bescheidene, realpolitische Überlegungen. Ein starkes Europa als Ziel, wir nicht mehr Satelliten sondern dritte Macht, bündnisfähig mit Amerika. [...] Das ganze überhaupt nur machtpolitisch gedacht, was vorerst vernünftig aussieht, aber im Grund dumm und borniert ist [...] eine so äusserliche Idee durchzuexperimentieren, mit dem einzigen Ziel, einen neuen Machtfaktor zu schaffen, in einer kurzsichtigen Absicht, scheint mir doch ungeheuerlich.
238 Statement für den Film von Gerda Haller: Ingeborg Bachmann in Rom, Juni 1973, Nachlaß Bl. 2339.
239 Sigmund Freud: Das Unbehagen in der Kultur. In: S. Freud: Abriß der Psychoanalyse. Das Unbehagen in der Kultur. Frankfurt a. M. 1972, S. 68f.
240 Was ich in Rom sah und hörte, Werke, Bd. IV, S. 33f.
241 Ebenda, S. 30f.
242 Vgl. Georg Büchner: Lenz. In: Georg Büchner: Werke und Briefe. Gesamtausgabe. Wiesbaden 1958, S. 94.
243 Was ich in Rom sah und hörte, Werke, Bd. IV, G.u.I., S. 30.
244 Theodor W. Adorno: Der Essay als Form. In: Th. W. Adorno: Noten zur Literatur I. Frankfurt a. M. 1969, S. 30.
245 Christa Wolf: Die zumutbare Wahrheit. Prosa der Ingeborg Bachmann. In: C. Wolf: Lesen und Schreiben. Neue Sammlung. Essays, Aufsätze, Reden. Darmstadt Neuwied 1980. S. 176f.
246 Helmut Heißenbüttel: Gegenbild der heillosen Zeit. In: Texte und Zeichen 3, H.1 (1957), zit. n. S. 92.
247 Werke, Bd. I, S. 119.
248 Ebenda, S. 136.
249 Ebenda, S. 138.
250 Ebenda, S. 121f.
251 Anrufung des Großen Bären, ebenda, S. 137.
252 Ebenda, S. 120.
253 Ebenda, S. 123f.
254 Lieder auf der Flucht, ebenda, S. 139, S. 141 u. S. 144.
255 Ebenda, S. 147.
256 Christine Koschel: «Malina» ist eine einzige Anspielung auf Gedichte. In: B. Böschenstein, S. Weigel: Ingeborg Bachmann und Paul Celan, S. 21.
257 Brief an Oswald Döpke, Anfang Juni 1957, in: du, a. a. O., S. 39.
258 Kurt Bartsch: Ingeborg Bachmann. Stuttgart ²1997, S. 107.
259 Brief an Marie-Luise Kaschnitz, 15. Okt. 1955.
260 Brief an Dr. Moras, 14. Nov. 1955.
261 Brief an Alfred Andersch, 9. Jänner 1956.
262 Brief an Oswald Döpke, August 1956, in: du, a. a. O., S. 36f.
263 Brief an Hans Werner Henze, 7. Oktober 1956.
264 Brief an Siegfried Unseld, 2. Dezember 1956.
265 Werke, Bd. I, S. 152.

266 Brief an Klaus Piper, 3. Jänner 1957.
267 Brief an Hans Paeschke, 16. Jänner 1957.
268 Brief an Alfred Andersch, 15. Februar 1957.
269 Brief an Siegfried Unseld, 3. Juli 1957.
270 Brief an Oswald Döpke, November 1957, in: du, a.a.O., S. 39.
271 Brief an Gustav René Hocke, 19. November 1958.
272 Frankfurter Vorlesungen, Werke, Bd. IV, S. 193.
273 Ebenda, S. 196.
274 Ein Satz, der in der Erzählung «Alles» steht, aber aus der Poetik-Vorlesung stammen könnte (z. B. IV, S. 268), Werke, Bd. II, S. 132.
275 Ebenda, S. 230.
276 Ebenda, S. 237.
277 Ebenda, S. 197.
278 Irmela von der Lühe: «Ich ohne Gewähr». Ingeborg Bachmanns Frankfurter Vorlesungen zur Poetik. In: I.v.d. Lühe (Hg.): Entwürfe von Frauen in der Literatur des 20. Jahrhunderts. Berlin 1982, S. 112f.
279 Frankfurter Vorlesungen, Werke, Bd. IV, S. 184.
280 Ebenda, S. 205ff.
281 Ebenda, S. 208.
282 Ebenda, S. 215.
283 Werke, Bd. I, S. 173.
284 Ebenda, S. 221ff.
285 Werke, Bd. III, S. 236.
286 Werke, Bd. IV, S. 101.
287 Die Welt Marcel Prousts – Einblicke in ein Pandämonium, Werke, Bd. IV, S. 167f.
288 Ebenda, S. 173 u. S. 171.
289 Giuseppe Ungaretti: Warum? In: Ingeborg Bachmann: Giuseppe Ungaretti. Gedichte. Mit einem Nachwort. In: Werke, Bd. I, S. 553.
290 Entstehung eines Librettos, Werke, Bd. I, S. 369ff.
291 Der Prinz von Homburg. Oper in drei Akten. Für Musik eingerichtet nach dem Schauspiel von Heinrich von Kleist. Musik von Hans Werner Henze. In: Werke, Bd. I, S. 346.
292 Hans-Jürgen Schlüter: Ingeborg Bachmann: Der Prinz von Homburg. Akzentuierung eines Librettos. In: Sprachkunst 8/2 (1977), S. 248f.
293 Entstehung eines Librettos, Werke, Bd. I, S. 371.
294 Ebenda, S. 370.
295 Frankfurter Vorlesungen, Werke, Bd. IV, S. 270.
296 Nachlaß Bl. 254.
297 Das «Komitee gegen Atomrüstung», dem sie im April 1958 beitrat, ging aus der Gruppe 47 hervor und richtete sich gegen Pläne zur Atombewaffnung der Bundesrepublik Deutschland.
298 Werke, Bd. I, S. 161.
299 Der gute Gott von Manhattan, Werke, Bd. 1, S. 317.
300 Ebenda, S. 318.
301 Ebenda, S. 319.
302 Ebenda, S. 293ff.
303 Interview mit Toni Kienlechner, G.u.I., S. 97.
304 Zit. n. Wolf Wondratschek, Jürgen Becker: War das Hörspiel der Fünfziger Jahre reaktionär? Eine Kontroverse am Beispiel von Ingeborg Bachmanns «Der gute Gott von Manhattan». In: Merkur 24 (1970), S. 190.
305 Zu Recht hat Jürgen Becker gegen Wondratschek eingewendet, daß wir unser «Unbehagen heute gegenüber bestimmten Texten der fünfziger Jahre [...] nicht selten ihren Interpretationen» verdanken (ebenda, S. 194).
306 Robert Musil: Tagebücher. Hg. von Adolf Frisé. Bd. I. Reinbek bei Hamburg 1976, S. 650.
307 Malina, Werke, Bd. III, S. 254. Vgl. dazu die genaue chronologische Rekonstruktion in der seriösen poetologischen Arbeit von Monika Albrecht: Die andere Seite, S. 60f.
308 Am «22. September 1962», liest man in Max Frischs autobiographi-

scher Erzählung «Montauk», sei er mit Marianne [Oellers] am Mittelmeer gewesen (vgl. Monika Albrecht: Die andere Seite, S. 61).
309 Entwürfe zur Figur von Malina, Werke, Bd. III, S. 543.
310 Ebenda, S. 549.
311 Max Frisch: Montauk. Eine Erzählung. Frankfurt a. M. 1975, S. 83.
312 Ebenda, S. 132.
313 Vgl. Malina, Werke, Bd. III, S. 234f.
314 Max Frisch: Montauk, a. a. O., S. 132.
315 Ebenda, S. 135f.
316 Ebenda, S. 137.
317 Ebenda, S. 140.
318 Ebenda.
319 Ebenda, S. 5.
320 Malina, Werke, Bd. III, S. 337.
321 Max Frisch: Mein Name sei Gantenbein. Roman. Frankfurt a. M. 1964, S. 11.
322 Ebenda, S. 74.
323 Werke, Bd. III, S. 542.
324 Werke, Bd. III, S. 342.
325 Bertolt Brecht: Me-ti. Buch der Wendungen. Frankfurt a. M. 1969, S. 54. Auf die Affinitäten zu Bachmanns «Todesarten»-Begriff hat zum erstenmal Kurt Bartsch hingewiesen (Ingeborg Bachmann, S. 131).
326 Werke, Bd. III, S. 222ff.
327 Interview mit Alois Rummel, 25. November 1964, G.u.I., S. 54: «[…] daß man Personen nicht zu Ende definieren darf, so wie einem auch über Personen, die es gibt, keine endgültigen Urteile zustehen. Man muß ihnen einen Spielraum lassen.»
328 Brief an Otto Best, 25. November 1966; vgl. TA-Projekt, Band 2, Buch Franza, S. 397.
329 Elke Brüns: außenstehend, ungelenk, kopfüber weiblich, S. 167.
330 Max Frisch: Mein Name sei Gantenbein, a. a. O., S. 20.
331 Malina, Werke, Bd. III, S. 220f.
332 Brief an Klaus Piper, Uetikon am See, 14. Jänner 1963: «Ich bin eben aus dem Krankenhaus gekommen und gehe in etwa zehn Tagen wieder dahin zurück»; Klaus Piper, Brief vom 23. August 1963 an «Frl. Dr. Ingeborg Bachmann, z. Zt. Martin-Luther-Krankenhaus, Berlin-Grunewald, Caspar-Theyss-Str. 27»; Brief an Klaus Piper, 7. August 1964: «ich bin soeben aus Wien zurückgekommen, nach einer längeren Behandlung»; Klaus Piper an Ingeborg Bachmann, 24. September 1964: «es freut mich, daß ihnen St. Moritz gut getan hat» (in St. Moritz hielt sie sich bei dem mit ihr befreundeten Arzt Dr. Fred Auer auf); Brief an Siegfried Unseld, 18. Januar 1965: «ich war vier Wochen im Bett und bin eben erst aufgestanden»; Brief an Klaus Piper, Baden-Baden, 16. November 1965: «ich werde morgen (22.) entlassen.»
333 Ein Ort für Zufälle. Textstufe I: frühe Entwürfe. In: TA-Projekt. Bd. I, S. 175.
334 Ebenda, S. 175f.
335 Ebenda, S. 177.
336 Witold Gombrowicz (Entwurf), Werke, Bd. IV, S. 326.
337 Ein Ort für Zufälle, Werke, Bd. IV, S 279.
338 Wüstenbuch B2. In: TA-Projekt, Bd. I, S. 261.
339 Vgl. Adolf Opel: Ingeborg Bachmann in Ägypten. «Landschaft, für die Augen gemacht sind». Wien 1996.
340 Werke, Bd. III, S. 341.
341 Interview mit Dieter Zilligen, 22. März 1971, G.u.I., S. 72.
342 Ein Ort für Zufälle. Textstufe I: frühe Entwürfe. In: TA-Projekt. Bd. I, S. 174f.
343 Jörg Drews: Das Tabu über Aggressivität und Kritik. Zu einer verborgenen Kontinuität in der deutschen Literatur vor 1945 und nach 1945. In: Protokolle 1991, H. 1., S. 3ff.
344 Paul Celan: Huhediblu. In:

P. Celan: Ausgewählte Gedichte, a. a. O., S. 92.

345 «Dieser Ton, diese Ferne und diese zarte Unerbittlichkeit gehören nur ihr; es sind die Höhenzüge deutscher Lyrik, die sich da fortsetzen», so der Kritiker Joachim Kaiser in einem 1963 erschienen repräsentativen Einführungsband zum Werk Ingeborg Bachmanns (In: Ingeborg Bachmann. Eine Einführung. München 1963, S. 8).

346 Ein Ort für Zufälle, Werke, Bd. IV, S. 278.

347 Andreas Hapkemeyer: Ingeborg Bachmann, S. 117.

348 Brief an Adolf Opel, zit. n. ebenda, S. 123.

349 Ebenda, S. 124.

350 Hans Werner Richter: Im Etablissement der Schmetterlinge, a. a. O., S. 110.

351 Brief an Hans Werner Henze, 26. Juli 1965, zit. n. Hans Werner Henze: Reiselieder mit böhmischen Quinten, a. a. O., S. 248.

352 Ebenda, S. 248.

353 Ebenda.

354 Heinrich Böll: Ich denke an Sie wie an ein Mädchen. In: Der Spiegel, 22. Oktober 1973. Zit. n. Michael Matthias Schardt (Hg.): Über Ingeborg Bachmann, S. 473.

355 Hans Werner Henze: Reiselieder mit böhmischen Quinten, a. a. O., S. 238.

356 Petra Grell (Ingeborg Bachmanns Libretti, S. 103) verweist bei ihrer sorgfältigen genetischen Rekonstruktion des Librettos auf die mit 14. 9. 1963 und 14. 11. 1963 datierten frühen Entwürfe im Nachlaß.

357 Ebenda, S. 95.

358 Ebenda, S. 104.

359 Werke, Bd. I, S. 435.

360 Ebenda, S. 436.

361 Ebenda, S. 424 f. u. S. 410.

362 Nachlaß Bl. 5199.

363 Klaus Geitel: Hans Werner Henze: «Der junge Lord», a. a. O., S. 6, zit. n. Petra Grell: Ingeborg Bachmanns Libretti, S. 157.

364 Norbert Miller: Geborgte Tonfälle aus der Zeit. Der «Junge Lord» oder keine Schwierigkeiten mit der Komischen Oper. Zit. n. Petra Grell: Ingeborg Bachmanns Libretti, S. 99.

365 Nachlaß Bl. 2349 (Juni 1973).

366 Malina, Werke, Bd. III, S. 99.

367 Peter Horst Neumann: Ingeborg Bachmanns Böhmisches Manifest. In: Kein objektives Urteil – nur ein lebendiges. Texte zum Werk von Ingeborg Bachmann, a. a. O., S. 382 ff.

368 Paul Celan: Ansprache anläßlich der Entgegennahme des Literaturpreises der Freien Hansestadt Bremen, a. a. O., S. 128.

369 Thomas Bernhard: Auslöschung. Ein Zerfall. Frankfurt a. M. 1986, S. 511 f.

370 Erich Fried: Ich grenz noch an ein Wort und an ein andres Land. Über Ingeborg Bachmann – Erinnerung, einige Anmerkungen zu ihrem Gedicht «Böhmen liegt am Meer» und ein Nachwort. Berlin 1983, S. 8.

371 Jean Améry: Am Grabe einer ungekannten Freundin. In: Kein objektives Urteil – nur ein lebendiges, a. a. O., S. 200 f.

372 Interview mit Gustav René Hocke, 24. Januar 1957, G.u.I., S. 23.

373 Brief an Uwe Johnson, 24. Jänner 1966. In: Uwe Johnson: Eine Reise nach Klagenfurt. Frankfurt a. M. 1974, S. 63 f.

374 Ebenda, S. 64.

375 Vgl. Andreas Hapkemeyer: Ingeborg Bachmann, S. 147.

376 Nach Aussagen in den Vernehmungsprotokollen, Questura di Roma, Squadra Mobile Nr. 500/1/Squ.Mob./17bisC, S. 21.

377 Vgl. Malina, Werke, Bd. III, S. 325.

378 Wüstenbuch A. In: TA-Projekt. Bd. I, S. 254 f.

379 Aus einer größeren Sendung des

ORF unter dem Titel: «Zu Gast bei Ingeborg Bachmann» (Sendedatum: 22. Mai 1969), G.u.I., S. 66.
380 Zuerst im Jahrbuch der Deutschen Akademie für Sprache und Dichtung in Darmstadt erschienen (1964), dann, in einer leicht veränderten Fassung, im Wagenbach Verlag: Ingeborg Bachmann: Ein Ort für Zufälle. Mit dreizehn Zeichnungen von Günter Grass. Berlin 1965.
381 Rede zur Verleihung des Anton-Wildgans-Preises, Werke, Bd. IV, S. 295.
382 Malina, Werke, Bd. III, S. 177.
383 Interview mit Ilse Heim, 5. Mai 1971, G.u.I., S. 110.
384 Werke, Bd. III, S. 177.
385 Interview mit Otto Basil, 14. April 1971, G.u.I., S. 102.
386 Interview mit Dieter Zilligen, 22. März 1971, ebenda, S. 70.
387 Das Tremendum – Sylvia Plath: «Die Glasglocke», Werke, Bd. IV, S. 359 f. Peter Hamm hat diesen Essay als exemplarisch für Ingeborg Bachmanns Begriff des Künstlers verstanden (Der Künstler als Märtyrer. In: Der Spiegel Nr. 23, 32. Jg., 5. Juni 1978, S. 193–200).
388 Werke, Bd. III, S. 174.
389 Interview mit Toni Kienlechner, 9. April 1971, G.u.I., S. 97.
390 Malina, Werke, Bd. III, S. 335 bzw. S. 337.
391 Ebenda, S. 236.
392 Interview mit Toni Kienlechner, 9. April 1971, G.u.I., S. 95.
393 Interview mit Dieter Zilligen, 22. März 1971, G.u.I., S. 69.
394 Malina, Werke, Bd. III, S. 43.
395 Ebenda, S. 87
396 Malina, Werke, Bd. III, S. 36.
397 Malina, Werke, Bd. III, S. 37 bzw. S. 35. Vgl. dazu Susanne Baackmann: Erklär mir Liebe, S. 116.
398 Interview mit Veit Mölter, 23. März 1973, G.u.I., S. 79.
399 Malina, Werke, Bd. III, S. 96 f.
400 Vgl. Interview mit Josef-Hermann Sauter, 15. September 1965, G.u.I., S. 63.
401 Interview mit Ilse Heim, 5. Mai 1971, G.u.I., S. 106 f.
402 Vgl. die kritische Darstellung bei Irene Heidelberger-Leonard: Ingeborg Bachmann und Jean Améry: Zur Differenz zwischen der Ästhetisierung des Leidens und der Authentizität traumatischer Erfahrung. In: Ingeborg Bachmann – Neue Beiträge zu ihrem Werk, a. a. O., S. 187 ff.
403 Jean Améry: Trotta kehrt zurück. In: Michael Matthias Schardt (Hg.): Über Ingeborg Bachmann, S. 176 ff.
404 Vgl. Amérys Reaktion auf diese Vorwürfe gegen den Erzählband, ebenda, S. 178.
405 Poetologische Entwürfe zum Simultan-Band, TA-Projekt, Bd. IV, S. 18. Vgl. dazu Marie-Luise Wandruszka: «Die Geschlechter, da es sie gibt» – Ingeborg Bachmanns andere Poetik. In: Literatur und Kritik 317/318 (1997), S. 68 ff.
406 Ebenda, S. 16 u. S. 3.
407 Ebenda, S. 16.
408 Simultan, Werke, Bd. II, S. 370. Vgl. dazu Marie-Luise Wandruszka: «Die Geschlechter, da es sie gibt», a. a. O., S. 70.
409 TA-Projekt, Bd. IV, S. 17 f.
410 Ebenda, S. 14.
411 Das Text-Konvolut mit dem Titel «Ingeborg Bachmann in Rom. Juni 1973» umfaßt 13 Typoskriptseiten, darunter S. 3 f. ICH BIN EINE POLIN, Nachlaß, Bl. 2345 f.
412 Malina, Mailand 1973, S. 290 f. «[…] es war einmal ein Strauß Türkenbund und ein schwarzer Mantel. […] Mein Königreich, mein Ungargassenland, das ich gehalten habe mit meinen sterblichen Händen, mein herrliches Land, jetzt nicht mehr größer als meine Herdplatte, die zu glühen anfängt, […]. Ich muß aufpassen, daß ich mit dem Gesicht nicht auf die Herd-

platte falle, mich selber verstümmle, verbrenne, denn Malina müßte sonst die Polizei und die Rettung anrufen, er müßte die Fahrlässigkeit eingestehen, ihm sei da eine Frau halb verbrannt.» (Werke, Bd. III, S. 334)

413 Gespräch mit Maria Teofili am 12. März 1998 in Rom. An dieser Stelle danke ich auch Christine Koschel und Inge von Weidenbaum, die dieses Gespräch ermöglicht haben.

414 Procura della Repubblica di Roma, 15. Juli 1974 (Atto 7006/1–3e).

415 Ein Ort für Zufälle, Werke, Bd. IV, S. 279.

416 Theodor W. Adorno: Ästhetische Theorie. Frankfurt a. M. 1970, S. 471.

417 Ihr glücklichen Augen, Werke, Bd. II, S. 354.

418 Christa Wolf: Die zumutbare Wahrheit. Prosa der Ingeborg Bachmann. In: C. Wolf: Lesen und Schreiben. Neue Sammlung. Essays, Aufsätze, Reden. Darmstadt und Neuwied 1980, S. 178.

419 Christa Wolf: Voraussetzung einer Erzählung: Kassandra. Frankfurter Poetik-Vorlesungen. Darmstadt und Neuwied 1983, S. 151.

420 Christa Wolf: Kindheitsmuster. Darmstadt und Neuwied 1976, S. 208 f.

421 Werke, Bd. II, S. 421.

422 Jean Améry: Am Grabe einer ungekannten Freundin. In: Kein objektives Urteil – nur ein lebendiges, S. 200 f.

Zeittafel

1926 Ingeborg Bachmann wird am 25. Juni 1926 in Klagenfurt als erstes Kind von Olga Bachmann (geb. Haas, 1901–1998) und Matthias Bachmann (1895–1973) geboren. Der Vater, Lehrer in Klagenfurt, stammt aus Obervellach im Gailtal, wo sich die Familie in den Ferien oft im Auszugshaus des väterlichen Hofes aufhält.

1928 Geburt der Schwester Isolde.

1932 Beginn der Volksschule.

1936 Übertritt in das Ursulinen-Gymnasium, ab 1938 Oberschule für Mädchen.

1938 12. März: Einmarsch der Deutschen Wehrmacht in Österreich.

1939 Geburt des Bruders Heinz. Einberufung des Vaters zum Militär.

1942 Fertigstellung des Trauerspiels *Carmen Ruidera*.

1943 Erzählung *Das Honditschkreuz*.

1944 Im Februar Matura, dann studentischer «Überbrückungsdienst» in einer Verwaltungsstelle in Klagenfurt; im September Beginn des Abiturientenkurses an der Lehrerbildungsanstalt.

1945 Beginn des Philosophiestudiums in Innsbruck.

1946 Im Sommersemester Fortsetzung des Studiums in Graz. Die Erzählung *Die Fähre* erscheint als erste Publikation Ingeborg Bachmanns in der «Kärntner Illustrierten». Ab Wintersemester Studium der Philosophie in Wien (Nebenfächer Germanistik und Psychologie).

1947 Bekanntschaft mit Hans Weigel und seinem Literatenkreis im Café Raimund; Beginn der Arbeit am Roman *Stadt ohne Namen*, den sie Ende 1951 abschließt, ohne dafür einen akzeptablen Verlag zu finden; im September Praktikum in der Wiener Nervenheilanstalt «Am Steinhof».

1948 Gedichtveröffentlichung in Hermann Hakels Zeitschrift «Lynkeus». Im Mai Begegnung mit Paul Celan, der im Juli von Wien nach Paris geht. In Wien erscheint Celans Gedichtband «Der Sand aus den Urnen».

1949 Die Erzählungen *Im Himmel und auf Erden*, *Das Lächeln der Sphinx* und *Die Karawane und die Auferstehung* erscheinen in der «Wiener Tageszeitung», dem Parteiblatt der konservativen Österreichischen Volkspartei. Fertigstellung der Doktorarbeit bei Viktor Kraft (*Die kritische Aufnahme der Existentialphilosophie Martin Heideggers*).

1950 Abschluß des Philosophiestudiums mit den Rigorosen am 23. März. Im Oktober Reise zu Paul Celan nach Paris; Scheitern des Versuchs, miteinander zu leben. Im Dezember Weiterreise von Paris nach London.

1951 Im Februar Lesung bei der Anglo-Austrian Society in London; Begegnungen mit exilierten Österreichern, vor allem mit Helga Aichinger, der Zwillingsschwester Ilse Aichingers, mit Erich Fried, Elias Canetti. Rückkehr nach Wien. Arbeit im Sekretariat der amerikanischen Besatzungsbehörde, danach beim Sender Rot-Weiß-Rot.

1952 Erstsendung ihres Hörspiels *Ein Geschäft mit Träumen* im Sender Rot-Weiß-Rot. Gedichtveröffentlichung in Hans Weigels «Stimmen der Gegenwart». Im Mai Lesung auf der Tagung der Gruppe 47 in Niendorf an der Ostsee. Erste Italienreise mit ihrer Schwester Isolde im Herbst.

1953 Im Mai Preis der Gruppe 47 auf der Tagung in Mainz. Im Juli erscheint in den «Frankfurter

Heften» der Wittgenstein-Essay: *Ludwig Wittgenstein – Zu einem Kapitel der jüngsten Philosophiegeschichte.* Am 12. August Ankunft auf der Insel Ischia, wo sie in der Nähe des Komponisten Hans Werner Henze in San Francesco bei Forio ein Haus mietet. Im Oktober nach Rom, wo sie, mit kürzeren Unterbrechungen, bis Herbst 1957 ihren Hauptwohnsitz hat. Der erste Lyrikband *Die gestundete Zeit* erscheint in der Frankfurter Verlags-Anstalt.

1954 Der Musil-Essay *Ins Tausendjährige Reich* erscheint in der Zeitschrift «Akzente» (Jg. 1., H. 1). Neben der literarischen Arbeit Beginn einer Serie von Korrespondentenberichten für Radio Bremen und für die «Westdeutsche Allgemeine» (unter dem Pseudonym Ruth Keller), von Juli 1954 bis Juni bzw. September 1955.

1955 Erstsendung des Hörspiels *Die Zikaden* (25. März) im NWDR, Hamburg. *Was ich in Rom sah und hörte* (Akzente, Jg. 2, H. 1., Februar 1955). Im Sommer USA-Reise als Teilnehmerin des Internationalen Seminars der Harvard Summer School of Arts and Sciences and of Education. Im Spätherbst nach Paris, Ende des Jahres wieder nach Rom.

1956 Von Februar bis August bei Hans Werner Henze in Neapel. Erscheinen des zweiten Lyrikbands *Anrufung des Großen Bären* im Piper Verlag. Neuauflage von *Die gestundete Zeit* ebenfalls bei Piper. Im Spätherbst nach Paris (*Hôtel de la Paix*). Zu Jahresende wieder nach Rom.

1957 Literaturpreis der Freien Hansestadt Bremen (Jänner). Übersiedlung nach München (Dramaturgin beim Bayerischen Fernsehen). Uraufführung von Henzes «Nachtstücke und Arien» (mit Gedichten Ingeborg Bachmanns) bei den Donaueschinger Musiktagen.

1958 Erstsendung des Hörspiels *Der gute Gott von Manhattan* (29. Mai, BR und NDR). Engagement für das «Komitee gegen die Atomrüstung». Begegnung mit Max Frisch und Übersiedlung nach Zürich.

1959 Hörspielpreis der Kriegsblinden. Die Dankrede *Die Wahrheit ist dem Menschen zumutbar* bleibt einer ihrer wichtigsten poetologischen Texte. Im Herbst Beginn der einsemestrigen Poetik-Vorlesungen (*Probleme zeitgenössischer Dichtung*) an der Universität Frankfurt.

1960 Im März Teilnahme an einem von Hans Mayer geleiteten Lyrik-Symposion in Leipzig. Uraufführung von Hans Werner Henzes Oper «Der Prinz von Homburg» (mit Bachmanns Libretto nach Kleists «Prinz Friedrich von Homburg») an der Hamburgischen Staatsoper. In Rom gemeinsame Wohnung mit Max Frisch.

1961 Der erste Erzählband, *Das dreißigste Jahr*, erscheint im Piper Verlag; sie erhält zwar den Berliner Kritikerpreis, aber ihrer Prosa gegenüber reagiert die Kritik eher zwiespältig. Ihre Übersetzungen von Gedichten Giuseppe Ungarettis kommen im Suhrkamp Verlag heraus. Sie wird Mitglied der Akademie der Künste in Berlin.

1962 Ende des Jahres Bruch der Beziehung mit Max Frisch; Krankenhausaufenthalte in Zürich.

1963 Im Frühjahr auf Einladung der Ford Foundation nach Berlin, wo sie dann bis Ende 1965 bleibt. Begegnung mit dem polnischen Schriftsteller Witold Gombrowicz. Schließt sich der Klage gegen den CDU-Politiker Dufhues an, der die Gruppe 47 als «Reichsschrifttumskammer» bezeichnet hat. Nach dem Beginn der Arbeit am *Todesarten*-Roman erscheint der Titel zum erstenmal in einem Brief von Klaus Piper (28. August), hier noch für einen einzelnen Roman (später: *Das Buch Franza*, *«Franza»* oder *«Der Fall Franza»*), ab 1964 ist von einem *Zyklus* die Rede.

1964 Im Jänner und Februar jeweils eine Woche mit Adolf Opel in Prag; ihre späten Gedichte *Prag Jänner 64*, *Enigma* und *Böhmen liegt am Meer* verdanken sich dieser Reise. Im Frühjahr Ägyptenreise mit Opel. Im Oktober Georg Büchner-Preis (die Dankrede – *Deutsche Zufälle* – erscheint 1965 unter dem Titel *Ein Ort für Zufälle* im Verlag Klaus Wagenbach). Max Frischs Roman «Mein Name sei Gantenbein» trifft sie zutiefst, für sie ein Verrat an ihrem gemeinsamen Leben.

1965 Am 7. April Uraufführung von Henzes Oper «Der junge Lord» (Libretto: Ingeborg Bachmann) an der Deutschen Oper Berlin. Sie unterschreibt die «Erklärung gegen den Vietnamkrieg» und tritt öffentlich gegen eine Verjährungsfrist für Nazi-Verbrechen auf. In Rom trifft sie Anna Achmatowa, der sie das Gedicht *Wahrlich* widmet. Ende des Jahres Übersiedlung nach Rom.

1966 Im März Lesungen aus dem Romanprojekt *Todesarten* in mehreren Städten der Bundesrepublik Deutschland.

1967 Trennung vom Piper Verlag, nachdem dieser eine Gedicht-Ausgabe der Achmatowa in der Übersetzung des früheren Nazi-Dichters Hans Baumann herausbrachte. Piper besteht auf der Option auf den nächsten Roman, ist aber Anfang 1970 bereit, den Erzählband *Simultan* an Stelle des Romans zu akzeptieren. Im Juli Lesung in London («Poetry International»). Beginn der Arbeit an *Malina*, der weit gediehene *Franza*-Roman wird zurückgestellt.

1968 In der November-Nummer der Zeitschrift «Kursbuch» erscheinen vier Gedichte, darunter *Böhmen liegt am Meer*, ihr liebstes Gedicht. Bachmann ist von der Kunstfeindlichkeit der Studentenbewegung – «L'art est mort» – tief getroffen und verfaßt einen Protestbrief. Sie erhält den Großen Österreichischen Staatspreis in Wien.

1971 Der Roman *Malina* erscheint im März im Suhrkamp Verlag. Die Kritik reagiert verlegen oder hämisch – «Schwarzes Spiegelbild der ‹Love Story›» –, trotzdem wird der Roman zu einem Bestseller.

1972 Der Erzählband *Simultan* erscheint bei Piper. Im Mai Verleihung des Anton-Wildgans-Preises in Wien. In der Dankrede spricht sie von Schreiben als *Zwang, Strafe, Obsession.*

1973 Tod des Vaters im März; Anfang Mai unternimmt sie eine Lesereise durch Polen; sie besucht das Konzentrationslager Auschwitz. Im Statement zu einem Film von Gerda Haller im Juni 1973 heißt es: *Ich bin eine Polin.* In der Nacht vom 25. auf 26. September erleidet sie einen Brandunfall; sie zieht sich so schwere Verbrennungen zu, daß sie am 17. Oktober 1973 im Krankenhaus Sant'Eugenio stirbt. Sie wird nach Klagenfurt überführt und am 25. Oktober auf dem Friedhof Annabichl begraben.

Bibliographie

Werkausgaben

Es können hier nur die wichtigsten Werkausgaben berücksichtigt werden sowie einzelne in der vierbändigen Leseausgabe (1978) sowie in der kritischen *Todesarten*-Edition (1995) nicht berücksichtigte Texte. Eine genaue bibliographische Dokumentation der Erstveröffentlichungen enthalten die weiter unten zitierten bibliographischen Arbeiten von Otto Bareiss und Frauke Ohloff.

Werke. Hg. von Christine Koschel, Inge von Weidenbaum, Clemens Münster. 4 Bde. München, Zürich 1978, Piper

Bd. I: Gedichte, Hörspiele, Libretti, Übersetzungen

Bd. II: Erzählungen

Bd. III: Todesarten: Malina und unvollendete Romane

Bd. IV: Essays, Reden, Vermischte Schriften

«Todesarten»-Projekt. Kritische Ausgabe. Unter Leitung von Robert Pichl hg. von Monika Albrecht und Dirk Göttsche. 4 Bde. München, Zürich 1995, Piper

Bd. I: Todesarten, Ein Ort für Zufälle, Wüstenbuch, Requiem für Fanny Goldmann, Goldmann / Rottwitz-Roman und andere Texte. Bearbeitet von Monika Albrecht und Dirk Göttsche

Bd. II: Das Buch Franza. Bearbeitet von Monika Albrecht und Dirk Göttsche

Bd. III: 1 u. 2: Malina. Bearbeitet von Dirk Göttsche unter Mitwirkung von Monika Albrecht

Bd. IV: Der «Simultan»-Band und andere späte Erzählungen. Bearbeitet von Monika Albrecht und Dirk Göttsche

Gedichte, Erzählungen, Hörspiel, Essays. München 1964, Piper (= Die Bücher der Neunzehn 111)

Ein Ort für Zufälle. Mit dreizehn Zeichnungen von Günter Grass. Berlin, Wagenbach (Quarthefte 6)

Vier Gedichte (Keine Delikatessen, Enigma, Prag Jänner 64, Böhmen liegt am Meer). In: Kursbuch 15 (1968), S. 91–95

Briefe an Felician. Mit acht Kupferaquatinta-Radierungen von Peter Bischof. München, Zürich 1991, Piper

Die kritische Aufnahme der Existentialphilosophie Martin Heideggers. Phil. Diss. masch., Wien 1949. Hg. von Robert Pichl. München, Zürich 1985, Piper

In memoriam Karl Amadeus Hartmann. In: *Karl Amadeus Hartmann und die Musica Viva.* Essays. Bisher unveröffentlichte Briefe an Hartmann. Katalog. Zürich 1980, S. 345 f.

Wir müssen wahre Sätze finden. Gespräche und Interviews. Hg. von Christine Koschel und Inge von Weidenbaum. München, Zürich 1983, Piper

Letzte, unveröffentlichte Gedichte, Entwürfe, Fassungen. Edition und Kommentar von Hans Höller. Frankfurt a. M. 1998, Suhrkamp

Römische Reportagen. Eine Wiederentdeckung. München, Zürich 1998, Piper

Nachlaß

Der größte Teil des literarischen Nachlasses – ca. 6000 Blätter, vor allem Typoskripte im DIN A 4-Format – wurde 1979 von den Erben Ingeborg Bachmanns der Österreichischen Nationalbibliothek in Wien als Geschenk übergeben und ist für Forschungszwecke zugänglich (Handschriftensammlung der ÖNB, Josefsplatz 1). Kleinere Teile des literarischen Nachlasses, vor allem ein Konvolut später Gedichtentwürfe,

Tagebuchblätter und der Briefwechsel mit der Familie, befinden sich im Privatbesitz der Erben. Der der ÖNB übergebene private Nachlaß der Dichterin, vor allem Briefe, ist bis zum Jahr 2025 gesperrt.

Zur Orientierung im einsehbaren Nachlaß stehen drei Handbücher zur Verfügung:

Registratur des literarischen Nachlasses von Ingeborg Bachmann. Hg. von Robert Pichl. Aus den Quellen erarbeitet von Christine Koschel und Inge von Weidenbaum. Wien 1981

Neue Teilregistratur des literarischen Nachlasses in der Österreichischen Nationalbibliothek. Unter Leitung von Robert Pichl erarbeitet von Monika Albrecht und Dirk Göttsche. Wien 1995

Ausdruck der Datenbank des literarischen Nachlasses von Ingeborg Bachmann in der Österreichischen Nationalbibliothek. Cod. Ser. n. 25.094-25.198 (25.202), unter Leitung von Robert Pichl hg. u. erarbeitet v. Monika Albrecht u. Dirk Göttsche (Computerausdruck, o. O., o. J.)

Bibliographien

Bareiss, Otto, Frauke Ohloff: Eine Bibliographie. Mit einem Geleitwort von Heinrich Böll. München 1978

–: Ingeborg Bachmann-Bibliographie 1977/78–1981/82. Nachträge und Ergänzungen (Teil I). In: Jahrbuch der Grillparzer-Gesellschaft Folge 3. Bd. 15 (1983), S. 173–217

–: Ingeborg Bachmann-Bibliographie 1981/82–1985. Nachträge und Ergänzungen. (Teil II). In: Jb. d. Grillparzer-Ges. Folge 3. Bd. 16 (1986), S. 201–275

–: Ingeborg Bachmann-Bibliographie 1985–1988 (Teil III). In: Jb. d. Grillparzer-Ges. Folge 3. Bde. 17 (1991), S. 251–327

–: Ingeborg Bachmann-Bibliographie 1989–1993 (Teil IV). In: Pichl/Stillmark 1994, S. 163–303.

Schmidt, Ellen Marga: *Ingeborg Bachmann in Ton- und Bildaufzeichnungen. Eine Dokumentation.* In: Ingeborg Bachmann. Werke. Bd. 4, S. 427–516

Monographien und Sammelbände

Achberger, Karen R.: *Understanding Ingeborg Bachmann.* University of South Carolina 1995

Agnese, Barbara: *Der Engel der Literatur. Zum philosophischen Vermächtnis Ingeborg Bachmanns.* Wien 1996

Albrecht, Monika: *Die andere Seite. Untersuchungen zur Bedeutung von Werk und Person Max Frischs in Ingeborg Bachmanns «Todesarten».* Würzburg 1989

Amann, Klaus: *«Denn ich habe zu schreiben. Und über den Rest hat man zu schweigen.» Ingeborg Bachmann und die literarische Öffentlichkeit.* Klagenfurt/Celovec 1997

Baackmann, Susanne: *Erklär mir Liebe. Weibliche Schreibweisen von Liebe in der deutschsprachigen Gegenwartsliteratur.* Hamburg 1995 (Argument-Sonderband N.F. 237)

Barbe, Jean Paul, Werner Wögerbauer (Hg.): *Ingeborg Bachmann. L'Œuvre et ses Situations.* Université de Nantes 1986

Bartsch, Kurt: *Ingeborg Bachmann.* 2., überarb. u. erw. Aufl. Stuttgart, Weimar 1997 (SLG Metzler 242)

Bary, Nicole, Erika Tunner: *Materialienband zu Ingeborg Bachmanns Hörspielen.* Paris 1986

Beicken, Peter: *Ingeborg Bachmann.* München 1988 (Beck'sche Reihe Autorenbücher 605)

Böschenstein, Bernhard, Sigrid Weigel (Hg.): *Ingeborg Bachmann*

und Paul Celan. Poetische Korrespondenzen. Frankfurt a. M. 1997
Bothner, Susanne: *Ingeborg Bachmann: Der janusköpfige Tod. Versuch der literaturpsychologischen Deutung eines Grenzgebietes der Lyrik unter Einbeziehung des Nachlasses.* Frankfurt a. M., Bern, New York, Paris 1986
Brokop-Mauch, Gudrun, Annette Daigger (Hg.): *Ingeborg Bachmann. Neue Richtungen in der Forschung.* St. Ingbert 1995
Brüns, Elke: *außenstehend, ungelenk, kopfüber weiblich: psychosexuelle Autorpositionen bei Marlen Haushofer, Marie-Luise Fleißer und Ingeborg Bachmann.* Stuttgart 1998
Dippel, Almut: *«Österreich – das ist etwas, das immer weitergeht für mich». Zur Fortschreibung der «Trotta»-Romane Joseph Roths in Ingeborg Bachmanns «Simultan».* St. Ingbert 1995
Dusar, Ingeborg: *Choreographien der Differenz. Ingeborg Bachmanns Prosaband «Simultan».* Köln, Weimar, Wien 1994
Gehle, Holger: *NS-Zeit und literarische Gegenwart bei Ingeborg Bachmann.* Wiesbaden 1995
Göttsche, Dirk: *Die Produktivität der Sprachkrise in der modernen Prosa.* Frankfurt a. M. 1987
–, **Hubert Ohl** (Hg.): *Ingeborg Bachmann – Neue Beiträge zu ihrem Werk.* Würzburg 1993
–, **Monika Albrecht:** *«Über die Zeit schreiben». Literatur- und kulturwissenschaftliche Essays zu Ingeborg Bachmanns «Todesarten»-Projekt.* Würzburg 1998
Grell, Petra: *Ingeborg Bachmanns Libretti.* Frankfurt a. M. u. a. 1995
Gürtler, Christa: *Schreiben Frauen anders? Untersuchungen zu Ingeborg Bachmann und Barbara Frischmuth.* Stuttgarter Arbeiten zur Germanistik 134
Gutjahr, Ortrud: *Fragmente unwiderstehlicher Liebe. Zur Dialogstruktur literarischer Subjektentgrenzung in Ingeborg Bachmanns «Der Fall Franza».* Würzburg 1988
Grimkowski, Sabine: *Das zerstörte Ich. Erzählstruktur und Identität in Ingeborg Bachmanns «Der Fall Franza» und «Malina».* Würzburg 1992
Hapkemeyer, Andreas: *Ingeborg Bachmann. Entwicklungslinien in Werk und Leben.* Wien 1990
Heidelberger-Leonard, Irene (Hg.): *«Text-Tollhaus für Bachmann-Süchtige?» Lesarten zur Kritischen Ausgabe von Ingeborg Bachmanns Todesarten-Projekt. Mit einer Dokumentation zur Rezeption in Zeitschriften und Zeitungen.* Opladen, Wiesbaden 1998
Höller, Hans (Hg.): *Der dunkle Schatten, dem ich schon seit Anfang folge: Ingeborg Bachmann – Vorschläge zu einer neuen Lektüre des Werks. Mit der Erstveröffentlichung des Erzählfragments «Gier».* Aus dem literarischen Nachlaß hg. von Robert Pichl. Wien, München 1982
–: *Ingeborg Bachmann. Das Werk. Von den frühesten Gedichten bis zum «Todesarten»-Zyklus.* Frankfurt a. M. ²1993
Hotz, Constanze: *«Die Bachmann». Das Image der Dichterin im journalistischen Diskurs.* Konstanz 1990
Kohn-Waechter, Gudrun: *Das Verschwinden in der Wand. Destruktive Moderne und Widerspruch eines weiblichen Ich in Ingeborg Bachmanns «Malina».* Stuttgart 1992
Koschel, Christine, Inge von Weidenbaum (Hg.): *Kein objektives Urteil – nur ein lebendiges. Texte zum Werk von Ingeborg Bachmann.* München 1989 (Serie Piper 792)
Kranz, Christine: *Angst und Geschlechterdifferenz. Ingeborg Bachmanns «Todesarten»-Projekt in Kontexten der Gegenwartsliteratur.* Stuttgart 1999
Mahrdt, Helgard: *Öffentlichkeit, Gender und Moral. Von der Auf-*

klärung zu Ingeborg Bachmann. Göttingen 1998
Pecksen, Regina: *Schreiben als Lebensort. Zur literarischen Identitätsbildung Ingeborg Bachmanns.* Mit einem Essay über Christa Wolf. Stuttgart 1991 (Stuttgarter Arbeiten zur Germanistik 250)
Pichl, Robert, Alexander Stillmark (Hg.): *Kritische Wege der Landnahme. Ingeborg Bachmann im Blickfeld der neunziger Jahre.* Wien 1994
Pöcheim, Helga: *«Die italienische Bachmann». Studie zum Aspekt der Übersetzung bei Ingeborg Bachmann.* Masch., phil. Dipl. Arb., Wien 1997
Sauthoff, Stephan: *Die Transformation (auto)biographischer Elemente im Prosawerk Ingeborg Bachmanns.* Frankfurt a. M. u. a. 1992
Schardt, Michael Matthias (Hg.): *Über Ingeborg Bachmann. Rezensionen – Porträts – Würdigungen (1952–1992). Rezeptionsdokumente aus vier Jahrzehnten.* Paderborn 1994
Spiesecke, Hartmut: *«Ein Wohlklang schmilzt das Eis». Ingeborg Bachmanns musikalische Poetik.* Berlin 1993
Steiger, Robert: *«Malina». Versuch einer Interpretation des Romans von Ingeborg Bachmann.* Heidelberg 1978
Stoll, Andrea: *Erinnerung als ästhetische Kategorie des Widerstands im Werk Ingeborg Bachmanns.* Frankfurt a. M. u. a. 1991
Stoll, Andrea (Hg.): *Ingeborg Bachmanns «Malina».* Frankfurt a. M. 1992 (suhrkamp taschenbuch 2115)
Swiderska, Matgorzata: *Die Vereinbarkeit des Unvereinbaren. Ingeborg Bachmann als Essayistin.* Tübingen 1989
Töller, Ursula: *Erinnern und Erzählen. Studie zu Ingeborg Bachmanns Erzählband «Das dreißigste Jahr».* Berlin 1998
Weigel, Sigrid: *Ingeborg Bachmann. Hinterlassenschaft unter Wahrung des Briefgeheimnisses.* Wien 1999

Zeitschriften-Sondernummern zu Ingeborg Bachmann

Acta Neophilologica 17 (Ljubljana 1984)
Acta Universitatis Lodziensis. Folia Litteraria 11 (Lodz 1984)
Austriaca 4 (1996)
du. Die Zeitschrift der Kultur. Heft Nr. 9 (Ingeborg Bachmann. Das Lächeln der Sphinx. September 1994)
Modern Austrian Literature 18 (1985)
Text + Kritik. Sonderband zu Ingeborg Bachmann. Heft 6. Hg. von Heinz Ludwig Arnold. 1.–4. Aufl. München 1964, 1971, 1976, 1980. 5. Auflage: Neufassung 1995

Namenregister

Die kursiv gesetzten Zahlen bezeichnen die Abbildungen

Über den Autor

Hans Höller, geboren 1947, studierte Germanistik und Klassische Philologie an der Universität Salzburg; nach dem Studium mehrere Jahre an ausländischen Universitäten (Istituto Universitario Orientale, Neapel; Instytut Filologii Germańskiej, Wroclaw; Université Paul Valéry , Montpellier); seit 1979 am Germanistik-Institut der Universität Salzburg. Im Rowohlt Verlag erschien von ihm die Monographie über Thomas Bernhard (rm 504). Zu Ingeborg Bachmann erschienen von ihm bisher folgende Bücher:
Der dunkle Schatten, dem ich schon seit Anfang folge. Ingeborg Bachmann. Vorschläge zu einer neuen Lektüre des Werks (Hg.). Wien 1982, Löcker; Ingeborg Bachmann. Das Werk. Frankfurt a. M. ²1993, Athenäum; Ingeborg Bachmann: Letzte unveröffentlichte Gedichte, Entwürfe und Fassungen. Edition und Kommentar von Hans Höller. Frankfurt a. M. 1998, Suhrkamp.

Dank und Widmung

Mit Dankbarkeit denke ich an alle, die mir bei der Arbeit an diesem Buch geholfen haben. Wenigstens ein paar Namen möchte ich nennen: zuerst und vor allem die Geschwister Ingeborg Bachmanns, Isolde Moser und Heinz Bachmann, Gesprächspartner und Helfer, die meinen Blick respektierten, und ich wünsche mir, sie finden auch ihre Erinnerung an die Schwester in meiner Arbeit respektiert; Ilse Aichinger, Wien; Inga Belke vom Deutschen Literaturarchiv in Marbach; Luigi Forte, Turin; Michael Guttenbrunner, Wien; Andreas Hapkemeyer, Bozen; Helga und Erich Hinterholzer, Vöcklabruck; Christine Koschel und Inge von Weidenbaum, Rom; Hubert Lengauer, Klagenfurt; Helga Pöcheim, Wien; Marie-Luise Wandruszka, Bologna; Elfriede Tiefenbacher, Rom; Andreas Weiss, Salzburg; Sylvia Wittgenstein, New York; Burgel Zeeh, Frankfurt a. M.
Ich möchte das Buch meiner Frau Ulrike widmen. Sie weiß, daß das Leben mehr ist als das, was darüber geschrieben wird – und hat mir doch immer geholfen.

Quellennachweis der Abbildungen

Renate von Mangoldt, Berlin: Umschlagvorderseite
© Piper Verlag GmbH, München: Umschlagrückseite oben, Umschlagrückseite unten u. 74 (© 1983)
Ingeborg Bachmanns Erben, Kötschach Mauthen: 3, 7, 8, 15, 19, 20, 21, 22, 23, 27, 28, 46, 47, 72, 75, 103, 121, 122, 152
Österreichisches Institut für Zeitgeschichte, Wien: 17
Wiener Stadt- und Landesbibliothek, Plakatsammlung: 41
© Literaturhaus, Bildarchiv, Wien: 43, 94
Deutsches Literaturarchiv, Bildabteilung, Marbach: 44, 58
© Franz Hubmann, Wien: 50
«Die Presse», Archiv, Wien: 54
Ullstein Bilderdienst, Berlin: 61, 130
Foto: Archiv für Kunst und Geschichte, Berlin: 66
Käthe Reichel, Berlin: 79
Deutsches Theatermuseum, München: 83 (Archiv: Abisag Tüllmann), 88 u. 132 (Archiv: Ilse Buhs)
Hans Höller, Hallein: 85, 120, 138
Österreichische Nationalbibliothek, Wien: 102 (Bl. 6139), 128 (Bl. 280), 135 (Bl. 278)
Lutz Kleinhans, Frankfurt a. M.: 106
Hamburgische Staatsoper, Hamburg: 111 (© Fritz Peyer, Hamburg)
Stefan Moses, München: 118, 125, 130, 146
Kai-Uwe Götz, Hamburg: 129
Garibaldi Schwarze, Rom: 140, 144/145
Leonore Mau, Hamburg: 149
© Teatro alla Scala, Archivio Fotografico, Mailand: 154

Quellennachweis der Texte

Alle Rechte an den hier erstveröffentlichten Zitaten aus dem Nachlaß Ingeborg Bachmanns liegen ausschließlich bei Ingeborg Bachmanns Erben. Wir danken Frau Isolde Moser und Herrn Heinz Bachmann für die Abdruckgenehmigung.
© Piper Verlag GmbH, München 1978: Hôtel de la Paix, Gestundete Zeit, Böhmen liegt am Meer
© Suhrkamp Verlag, Frankfurt am Main: Giuseppe Ungaretti «San Martino del carso», Ingeborg Bachmann «Sankt Martin im Karst» und «Keine Delikatessen» (letzteres aus: Ingeborg Bachmann. Letzte, unveröffentlichte Gedichte. Edition und Kommentar von Hans Höller. Frankfurt a. M. 1998, S. 47)
© Schott Musik International, Mainz: Freies Geleit (Aria II)
Wir danken allen Verlagen für die Abdruckgenehmigung von Texten und Zitaten aus den Werken Ingeborg Bachmanns.